我国师范大学
综合化背景下的
教师教育组织变革

崔　波◎著

科学出版社
北　京

内 容 简 介

在追求国家强盛的征程中，教育振兴是核心驱动力，教师的培养是教育振兴的基石。本书深入剖析了我国教师教育的历史脉络与现实挑战，以场域理论、组织变革理论为框架，结合教师教育的专业化、大学化和一体化趋势，通过文献研究、历史梳理和实地调查，揭示了师范大学教师教育组织变革的深层逻辑和动力机制。本书不仅回顾了我国教师教育机构的演变历程，还深入探讨了当前面临的困境及成因，并在此基础上提出了切实可行的变革策略。

本书旨在为高等教育研究者提供理论支撑，为政策制定者提供决策参考，同时也为师范类高校师生提供研究教师教育组织变革的宝贵资料。通过本书，读者将能更全面地理解我国师范大学教师教育组织变革的重要性和紧迫性，共同为推动教师教育的创新与发展贡献力量。

图书在版编目（CIP）数据

我国师范大学综合化背景下的教师教育组织变革 / 崔波著. —北京：科学出版社，2025.7. —ISBN 978-7-03-082798-2

I. G659.21

中国国家版本馆CIP数据核字第2025BD2783号

责任编辑：崔文燕 / 责任校对：刘 芳
责任印制：赵 博 / 封面设计：润一文化

科学出版社出版
北京东黄城根北街16号
邮政编码：100717
http:// www.sciencep.com
天津市新科印刷有限公司印刷
科学出版社发行 各地新华书店经销
*
2025年7月第 一 版 开本：720×1000 1/16
2026年1月第二次印刷 印张：12
字数：210 000

定价：118.00 元

（如有印装质量问题，我社负责调换）

前　言

强国必先强教，强教必先强师。在新时代背景下，培养高素质、专业化和创新型的教师，需要改革教师教育。教师教育组织是教师教育体系中的重要组成部分，一方面，教师教育组织的设计合理与否、教师教育组织的功能实现情况如何这些都会影响到教师教育体系的正常运转与教师培养质量的提高；另一方面，教师教育体系的变化意味着教师教育组织所在的环境和场域发生变化，这就必然要求教师教育组织进行相应变革。因此，改革教师教育，必然要对教师教育组织机构进行改革。

我国自20世纪90年代开始的教师教育转型使得师范大学从教师教育场域进入高等教育场域，影响师范大学在教师教育体系中的地位，影响师范大学的办学定位和战略选择，影响教师教育在师范大学中的地位，面对这些挑战，师范大学通过综合化转型来应对。

本书研究我国师范大学教师教育组织的变革问题，既对我国的教师教育研究和高等教育管理研究具有理论价值，又对我国的师范大学发展和教师教育改革具有实践价值。

其理论意义体现在：第一，拓展教师教育研究的领域，深化教师教育理论研究。自20世纪90年代起，教师教育研究已成为我国教育研究的一个重要领域，学者们发表了许多理论研究成果，开展了一些针对实际问题的政策咨询和课题研究，倡导建立教师教育学或教师教育学科，部分学校成立了“教师教育研究中心”，北京师范大学教师教育研究中心已建设成为教育部普通高校人文社会科学重点研究基地，教师教育研究如火如荼。虽然教师教育研究发展迅猛，已取得了比较丰富的研究成果，但关于教师教育的理论体系仍未形成，教师教育的相关理论仍处于分歧和争鸣阶段，尤其是对于教师教育基本理论问题的研究仍未达成共识，还有深入探讨的空间。同时，教师教育研究成果的领域分布不均衡，宏观层面关于教师教育的发展历史、教师教育的理论、教师教育体制的研究以及微观层面关于教师教育的课程改革和人才培养模式改革的研究较为丰富和集中，讨论较多的是教师教育的师范性与学术性、封闭性与开放性问题，很少关注中观层面的高校内部组织变革和组织结构问题。因此，本书关注师范大学中的教师教育组织问题，能够拓展教师教育的研究领域，深化教师教育基本理论研究。

第二，深化高等教育组织研究，推进高等教育管理研究。组织是管理的载体，它既是管理行为实施的对象，也是管理行为实施的手段。只有准确理解组织及其行为，才能实施有效的管理。高等教育管理也是如此，组织理论是高等教育管理理论的基础，推进高等教育管理研究，需要加强和深化对高等教育组织的研究。虽然人们对组织理论、大学组织特性、高等教育的组织结构已有丰富的研究成果和相对成熟的看法，但对教师教育组织研究较少、缺乏深度，这既不利于教师教育改革，也不利于高等教育管理研究。教师教育组织因教师专业的特殊性而与一般的大学组织有所不同，不能简单地用一般组织理论和管理理论来指导教师教育组织改革。因此，本书以师范大学的教师教育组织为研究对象，探讨教师教育组织的性质、结构和运行机制，能深化我们对高等教育组织的研究，丰富高等教育管理研究的内容。

其实践意义体现在：第一，推进教师教育组织的变革。受教师教育转型和师范大学转型的双重影响，师范大学的性质和任务发生了改变，其内部的管理体制和治理结构也应随之改变，以构建新的教师教育模式。目前，我国一些师范大学对教师教育组织机构的增设、合并和调整，不仅有组织机构名称的改变，更有内部结构、人员、管理体制和运行机制的改变，变革的形式复杂多样，变革的过程艰难曲折，变革的成效有待观察。造成这一局面的原因是复杂多样的，既与教师教育理论研究和高等教育管理理论研究的滞后有关，也与教师教育利益相关者众多、价值和矛盾冲突汇聚有关，还与我们对教师教育改革的现实状况了解不够、把握不准有关。为了进一步推进改革，需要转变坐而论道的研究方式，深入教师教育改革的实际，针对教师教育组织的现实状况寻找真实的问题及其原因，在此基础上寻找教师教育组织变革的可行策略，推进教师教育组织的变革。

第二，促进师范大学的转型发展。在开放多元的教师教育体系中，师范大学的发展既面临机遇也面临挑战，不仅处于教师教育的场域之中，也处于高等教育的场域之中。师范大学不再拥有垄断地位，需要与综合性大学一起参与教师教育的竞争；在以市场竞争为主要逻辑的高等教育体系中，师范大学需要参与广泛的高等教育竞争。这就需要师范大学突破传统发展模式，实现转型发展。转型是以结构为核心的变革，必然涉及师范大学的组织变革。科学地设置教师教育组织机构，合理配置学校的教育资源，构建有效的教师教育管理体制和运行机制，不仅对师范大学的教师教育改革有着重要影响，而且对师范大学整体办学水平的提升有着重要影响。本书集中探讨师范大学的教师教育组织变革问题，期望为师范大学的转型发展寻找一条合适的路径。

本书难免存在疏漏，敬请广大读者批评指正。

目　录

绪　论

一、深度探索教师教育的转型与师范大学的综合化

教育是民族振兴、国家富强、社会进步的基石。教育通过提高人的思想品德和知识技能，可以促进经济发展、政治民主、文化繁荣和生态文明。在国际竞争中，人才是核心，教育是关键。在国际竞争日益激烈的今天，世界各国都高度重视教育的价值，通过发展教育提升本国的国际竞争力。教师是教育发展的基础，要发展教育，首先要培养教师。美国霍姆斯小组发布的《明日的教师》指出，“培养教师是国家建设中具有重大意义的一项任务”，“没有教师教育质量的提高，就没有教师质量的提高，也就谈不上教育质量的提高”。[①]教师教育是教育之源，被称为教育的“工作母机”，教师教育的成效影响着教育质量高低，决定着国家的命运和社会的未来。因此，世界各国都高度重视教师教育的发展与改革。

自法国“基督教兄弟会”神甫拉萨尔（La Salle）1681年在兰斯（Rheims）创立了第一所师资培训学校以来，世界教师教育经历了三百多年的发展历程，教师教育的规模逐渐扩大，体系逐渐完善，质量显著提高……我国的教师教育诞生于19世纪末期，虽然历史短暂，但成就巨大，为我国教师事业的发展提供了稳定的师资保障。20世纪90年代以来，随着我国教育管理体制的改革、社会主义市场经济体制的建立和知识经济对人才素质的高要求，我国的教师教育如同社会转型一样，也经历了转型。教师教育转型是复杂的、系统的变化，涉及教师教育系统的各个要素。教师教育组织作为教师教育活动的实施者，也必然经历转型和变化。

① 转引自祝怀新. 封闭与开放：教师教育政策研究. 杭州：浙江教育出版社，2007：330-331.

从理论推演的角度看，教师教育组织应该转型。但现实的状况是，在教师教育转型的背景下，师范院校开办非师范专业，加强学科专业建设构建多学科专业体系，在培养师范生的同时培养社会政治经济发展急需的专门人才，构建综合型人才培养模式，师范院校逐渐走向综合化。虽然师范院校已由单一性质的师范院校向综合性院校转型，但师范院校内部的教师教育组织有的还未转型和变革，许多师范院校仍然采用传统的教师教育模式，维持原有的组织机构和管理体制，与转型前后并无二致；已经发生组织变革的师范院校中，同时存在着多个教师教育组织机构，这些机构名称各异、职能交叉、权限不明；有的师范院校在组建新的教师教育机构以后又退回到以前的组织机构和管理模式。师范院校教师教育组织变革的困惑与无序、挣扎与反复体现了教育改革的复杂性，是教师教育改革发展中的现实难题。研究师范院校教师教育组织的现状，分析教师教育组织变革陷入困境的原因，探寻教师教育组织变革的可行策略，是转型期教师教育改革不可回避的课题。

（一）师范院校是我国教师教育机构的主体

自 1897 年 2 月盛宣怀在上海创办南洋公学师范馆开始，中国的教师教育迄今已有百余年的历史。在这百余年的发展历程中，无论是独立设置的师范教育时代，还是多元开放的教师教育时代，师范院校都在我国教育发展和教师培养中发挥了重要作用，是教师培养机构的主体。

在师范教育体系中，师范院校是唯一有资格从事教师培养的机构，综合性院校被排除在教师培养体系之外。在师范院校和综合性高校共同参与的开放的教师教育体系中，师范院校依然发挥着主体作用。因为大多数综合性高校在教师培养方面缺少经验，他们参与教师教育的主要目的是完善学科布局，提升学校综合实力，而提升教师培养的质量可能并非他们的真实动机，所以，综合性大学对教师教育体系变革的影响有限。师范院校长期以来从事教师培养，具有丰富的教师教育的经验和资源，对教师教育具有天然的亲密性和责任感。同时，师范院校比较齐全的教育学科为教师培养提供了理论支撑，能有效提升和推动教师教育改革。师范院校在我国教师培养机构中的主体地位的确立，有其客观现实性。

另外，我国党和政府颁发的有关教师教育的政策明确赋予师范院校在我国现代教师教育体系中的主体地位。自《国家中长期教育改革和发展规划纲要（2010—2020年）》提出“构建以师范院校为主体、综合大学参与、开放灵活的教师教育体系”以来，相关政策一以贯之地强调师范院校在我国教师教育体系中的主体地位。目前，我国已初步形成由师范院校、综合院校、职业院校三轨和中专、大专、本科、研究生多级构成的教师教育体系。其中，由师范大学、师范学院、师范高专、师范中专等构成的师范院校是我国教师培养的主体机构[①]，师范院校在教师培养中发挥着重要的作用。相比综合性高校而言，师范院校在教师培养的经验和传统方面比较有优势，拥有相对完备的课程体系和相对稳定的实践基地，所积累的学术资源、人才资源和文化资源使得师范院校承担着引领我国教师教育改革创新的重任。因此，研究师范院校的教师教育改革，对构建有中国特色的现代教师教育体系具有重要价值。

（二）教师教育转型和师范院校转型引发教师教育组织变革

“教育转型是社会转型的结果和征候，要从社会转型的角度入手来说明教育的转型。”[②]研究中国的教师教育改革问题，需要透彻把握中国社会的历史与现实，这是中国教师教育改革发生的特定历史背景与社会场域。1978年开始的改革开放启动了中国近代以来最全面、最深刻的改革，涵盖政治、经济、文化及教育在内的各个领域，中国社会由总体性社会向治理型社会转型。[③]社会转型最显著的特征是权力由单一集中走向多元分化，政府的角色和职能发生改变，由过去依靠行政指令的直接管理转变为主要依靠政策、法规、经济和行政等多种手段的间接管理，市场在资源配置中的作用逐渐增强，社会组织的自主权也逐渐增强。在教育领域，地方教育行政部门和学校在办学过程中的自主权逐渐扩大，学校办学从依靠政府指令向面向市场转变，尤其是教育投资体制的改革、招生与就业制度的改革使得学校从计划经济时代的“等、要、靠”思维向市场经济时代的竞争意识转变。

在社会转型和教育转型的推动下，我国教师教育转型开始于20世纪90年

---

① 朱旭东. 再论我国师范院校教师教育存在的问题：认识误区、屏障和矛盾. 教育发展研究，2016（2）：1-6.

② 爱弥尔·涂尔干. 教育思想的演进. 李康译. 上海：上海人民出版社，2003：228.

③ 中国战略与管理研究会社会结构转型课题组. 中国社会转型的中近期趋势与隐患. 战略与管理，1998（5）：1-17.

代，主要由传统的师范教育体系转向现代的教师教育体系，主要特征表现为教师教育的专业化、一体化和开放化。教师教育专业化主要体现在教师培养目标上，为适应社会变迁对教师提出的高要求，应该培养专业化教师，使其具有职业的不可替代性；教师教育的一体化主要体现在教师培养和培训体制上，改变师范教育重视职前培养而忽视职后培训、培养与培训相分离的局面，实现职前培养和职后培训的有效衔接与融合，促进教师终身的可持续发展；教师教育的开放化主要体现在教师教育机构的多元化上，从师范院校垄断教师教育向教师教育面向综合性高校和师范院校开放，实现多元竞争。教师教育转型是教师教育的体制机制、人才培养模式、管理体系、课程体系和组织机构等多要素的系统性、根本性变革。教师教育转型意味着师范院校所处的外部环境发生变化，为适应这一变化，师范院校需要转型。师范院校的转型不仅指师范院校整体的办学定位、学校功能和学校发展战略的调整，还意味着师范院校内部的管理体制、治理结构、组织架构的变革。

长期以来，尤其是在计划经济时代，我国的教师是在独立封闭的师范院校体系中培养的，师范院校是教师培养的唯一主体，教师培养是师范院校的唯一使命。但随着市场经济体制的建立和基础教育发展对教师素质要求的提高，独立封闭的师范教育体系越来越难以满足现实的需要，越来越制约和影响教育的发展。为改变这一状况，政府主管部门从教师教育体制改革入手，在调整师范院校布局、重组教育资源的基础上，鼓励非师范类高校参与中小学教师的培养和培训工作。为此，一些综合性大学开始设置教育学院或类似的教师教育机构，涉足被视为师范院校“专属领域”的教师培养，这对“举全校之力办师范教育”的师范院校提出了严峻的挑战。师范院校为了在开放的教师教育体系中寻求发展空间，积极拓宽办学途径，改革原有的教师教育模式，谋求转型发展。20世纪末21世纪初师范院校转型的趋势是综合化，主要有两种类型：一是在“师范”的名称下实现综合化，一些师范院校增设非师范专业，招收非师范专业学生，拓展师范院校的功能和师范院校的生存空间；二是脱离“师范”的名称实现综合化，一些师范院校并入综合性大学或更名为综合性院校，这类院校不属于本书研究对象之列。虽然综合化之后的师范院校“名不副实”，从一种特殊类型的高校逐渐融入高等教育体系中，但其依然承担教师教育的使命。这使得师范院校的教师教育在转型之后面临新的难题，研究这类师范院校的教师教育改革问题更具现实性，更有价值和意义。

虽然保留了“师范”的名称，但综合化转型使得师范院校的任务发生了改变，由过去单一的教师培养转向多样化的人才培养，因此师范院校的战略定位与资源配置也需要发生相应的变化。综合化之前的师范院校毫无疑问是以教师教育为中心，所有的资源投入都集中于教师教育，师范生的培养质量就是评价师范院校办学水平的唯一指标。综合化之后的师范院校不仅要考虑教师教育的质量和效益，更要考虑学校整体办学水平和办学效益的提升。在面向市场和发展学术双重逻辑的高等教育体系中，教师教育将难以维持原来在师范院校整体格局中的中心位置，甚至有可能被“边缘化”。依据系统论的观点，系统的结构决定系统的功能，系统的功能也会反作用于结构。战略管理理论指出：战略决定结构，结构跟随战略。综合化之后的师范院校，无论是其功能还是其战略都要作相应调整，因此师范院校转型引发组织结构变革的诉求。

（三）我国师范大学教师教育组织变革面临困境

在教师教育转型的背景下，师范院校逐渐走向综合化，虽然依然保留了“师范”之名，但其综合化之实意味着师范院校的任务和功能发生改变，师范大学不再唯一从事教师的培养和培训，除此之外，还承担培养社会所需各类专门人才的任务，学校再难以集中全校之力才开展教师教育[①]，师范院校需要考虑教师教育专业化时代的教师培养问题，这使得曾经被视为“真实的假问题”的“学术性”与“师范性”的矛盾又重新显现出来。师范院校为了在开放的教师教育体系中寻求发展空间，并继续保留自身的师范教育传统，纷纷依据自身条件和实际情况，整合校内外教师教育资源，组建新的组织机构，如教师教育学院等，以总揽教师教育事务，保证教师教育质量。师范院校期望通过校内组织机构变革和管理运行机制调整，既保留教师教育的传统，彰显教师教育的特色，又提升学校综合办学水平和实力，以求得学校特色发展和综合发展的平衡。但是，这一变革导致过去比较明确的教师教育主体问题变得模糊，“在哪里培养教师”这个过去不言自明的问题如今成了一个需要重新思考的问题。[②]

教师教育的主体模糊和身份不明影响了师范大学教师教育活动的开展与教

① 侯小兵，张继华. 师范院校缘何要成立教师教育学院. 当代教师教育，2013（2）：22-27.

② 张斌贤. 教师培养模式改革若干问题的思考. 教育研究，2005（12）：19-24.

师教育质量的提高。人们反思、质疑或批评在教师教育转型和师范院校转型过程中出现的教师教育被弱化或边缘化问题，其实质与教师教育组织有关。

首先，师范院校集中全校之力开办教师教育，资源配置全部用于教师教育；但教师教育转型以后，师范院校的功能多样化了，教师教育不再是学校的唯一工作，甚至可能不再是中心工作。师范院校到底该如何发展教师教育？师范院校的资源该如何分配？教师教育在资源配置中的顺序如何？所有问题的关键就在于师范大学转型以后教师教育组织的身份模糊，具体负责教师教育活动的主体不明确，导致教师教育地位边缘化，本该用于师范教育的资源被用到发展非师范专业，所以，师范院校和教师教育转型了，但教师教育专业化水平并未随之提高。这与改革目的是背道而驰的。

其次，师范院校内部成立的教师教育组织名称各异、结构不同、性质多样、职能交叉，在运行过程中存在“改革意识不彻底，教育资源难整合，运行机制不畅通，利益冲突难解决，政策支持不到位，制度障碍难克服”①等现实问题，导致师范院校的教师教育主体不明、责任模糊、质量不高，未达到改革的预期效果。

最后，一些师范大学在教师教育组织的探索中出现反复、迂回和挣扎现象。例如，江西师范大学在改革尝试十年之后，将曾归属教育学院的学科教学论教师又调回原来的学科院系。

组织变革不是一蹴而就的，而是一个持续改进的过程，师范大学教师教育组织的变革也不例外。为什么从理论上分析应该变革，而有的师范大学教师教育组织没有发生变革？为什么已经发生的教师教育组织变革未达预期、困难重重？本书将聚焦师范大学综合化的现实背景，研究师范大学内的教师教育组织为何变革，师范大学教师教育组织变革的现实情况如何，未来应该怎样进行变革。

二、概念界定

概念是思维的起点，是开展理论研究、构建知识体系的基石。没有准确的概念界定，人们就难以准确把握所要研究的对象，也就无法进行对话和有效的

---

① 吴仁英，刘恩允. “教师教育学院”模式的角色定位与实施路径. 当代教育科学，2011（5）：32-34.

争鸣。对教师教育、师范大学、教师教育组织和组织变革等概念进行界定，这是本书研究得以展开的基础。

（一）教师教育

教师教育（teacher education）是由师范教育（normal education）演变而来的。我国习惯把教师培养的活动称为“师范教育”，相应地把培养教师的学校称为师范院校，具体包含师范大学、师范专科学校和中等师范学校等。工具书一般将师范教育界定为培养和提高基础教育师资的专门教育，包括职前培养、初任考核试用和在职培训。师范院校主要负责教师的职前培养工作，对教师的职后培训较少涉及，导致人们将是否重视职后培训视为教师教育与师范教育的区别。其实，就概念本身而言，两者都强调职前培养与职后培训的统一，只是在实践中存在偏差，形成了认识误区。在教育普及有限、教师数量需求大的时期，教师只要接受一次性的职前教育就能满足需要。但是，社会科学技术的发展、知识经济的兴起、教育的普及和终身教育观念的深入人心，要求教师不断更新知识结构和提高教育教学水平。发达国家的教师培养出现新变化：不仅重视教师的职前培养而且重视教师的职后培训，并且将两者紧密衔接。此时，过去的师范教育无法涵盖这种新变化。所以，20 世纪 30 年代后，西方国家广泛采用“教师教育”的概念。从“师范教育”到“教师教育”的转变，不是概念的简单替换，而是教师培养培训活动实质内涵的新变化。

我国研究者在 20 世纪 80 年代开始使用“教师教育”一词[①]，但使用“师范教育”概念的仍占绝大多数。20 世纪 90 年代，中国学者在介绍西方发达国家教师培养机构转型与改革的论文和著作中开始使用“教师教育”的提法。1996 年，留日教育学者陈永明在《对我国师范教育体制改革的设想》一文中提出，我国师范教育制度正面临危机，应学习和借鉴日本的经验，重建我国的教师教育体制。[②]此后，“教师教育”的话语表述逐渐增多，与“师范教育”并存，但教育政策仍使用“师范教育”的表述。1997 年之后，越来越多的学者主张顺应国际趋势，用“教师教育”取代“师范教育”，这样便于国际交流，也

① 张法琨. 香港教育发展中的几个课题. 教育评论，1985（4）：43-52.

② 陈永明. 对我国师范教育体制改革的设想. 师资培训研究，1996（2）：3-7；陈永明. 对我国师范教育体制改革的设想（续）. 师资培训研究，1996（3）：19-25.

能体现时代性和科学性。这一主张的依据是师范教育在体制上具有封闭性，在师资培养上具有垄断性、专业化水平不高、职前培养和职后培训分离等弊端，而教师教育体现出职前培养与职后培养的一体化、教师培养活动的专业化和开放性等优点。[①]学术话语的力量对教育行政部门的政策话语也产生了影响。2001年，《国务院关于基础教育改革与发展的决定》首次使用了“教师教育”的概念。2002年，《教育部关于“十五”期间教师教育改革与发展的意见》首次对教师教育进行了明确的界定。从此以后，“教师教育”概念被广泛认同和普遍使用。结合已有政策文本、理论研究成果和我国的教师教育实践，本书将教师教育界定为：培养和培训师资的专业教育。从内容上看，教师教育包括学科专业教育和教育专业教育两方面，具有双专业性特征；从过程上看，包括职前培养、入门适应和在职培训三个阶段，突出教师教育的终身性；从对象看，不仅包括中小学师资，还包括幼儿园和高等教育师资，涵盖教育的所有阶段。

需要注意的是，不要过于强调“师范教育”与“教师教育”之间的区别，尤其是不能过分凸显“师范教育”的局限性和弊端而过分强化“教师教育”的先进性与优势，两个概念的差别在于“师范教育”是一种价值的表述，指以造就“师范”为目的的追求；“教师教育”是一种事实的表达，指一种终身化的师资培养活动。[②]学者主张用“教师教育”的概念替代“师范教育”的概念，既与概念术语的翻译习惯有关，也与国际趋势和时代特征有关。与此同时，还应该看到两者之间的联系与共存的可能性。“教师教育”是对“师范教育”的继承与超越，“师范”是“教师教育”的终极追求，“师范”之所存，“教师教育”之所存也。[③]两个概念对教师培养活动而言都是需要的。现实中，“师范教育”话语和“教师教育”话语并存[④]，人们将我国制度化的师资教育活动称为教师教育，既包含世纪之交转型后的教师教育体系，也包含20世纪的师范教育体系，20世纪的中国师范教育为21世纪中国教师教育发展奠定了基础[⑤]；而且政府行政部门的政策文本中也存在同时使用“师范教育”与“教师教育”的

① 杨明全，张继玺. 教师教育：我国师范教育发展的必由之路. 师资培训研究，2000（3）：2-4.
② 李学农. 师范辨. 上海教育科研，2003（1）：12-14.
③ 李学农. 师范辨. 上海教育科研，2003（1）：12-14.
④ 朱旭东. 论我国后师范教育时代的教师教育制度重建. 教育学报，2005（2）：76-81.
⑤ 李学农，张清雅. 教师教育世纪转型与发展. 南京：南京师范大学出版社，2014：前言2.

情况[①]。笔者认为，“师范教育”是具有特定中国文化内涵的概念，“教师教育”的概念具有国际性和时代性，从概念的演变中更应该关注制度化师资培养的规律性变化。

（二）师范大学

师范大学是我国高等教育机构中的一种类型，其实质内涵在不同时期有所不同。在独立、封闭的师范教育体系中，师范大学是培养师资的专门机构，是真正意义上的“师范+大学”，“师范大学”就是“师范教育”的代名词，在高等教育体系中是一种特殊类型的院校；在多元、开放的教师教育体系中，师范大学的特殊性逐渐被消解，虽名为“师范”，但其实质大多已综合化。师范大学不仅肩负着培养高水平师资的使命，而且承担着为社会各行各业培养高级专门人才的职责，不仅是我国教师教育的重要力量，而且是我国高等教育的重要组成部分。在2023年6月教育部公布的《全国普通高等学校名单》中，公办本科师范类院校有120所，其中师范大学50所[②]。

（三）教师教育组织

教师教育组织是实施和开展教师教育活动的组织，这里的“组织”是名词，是人们为了达到特定共同目标而一起活动的协作系统。组织可以划分为不同的类型，也可以划分为不同的层次。教师教育组织也是如此。就学校层次而言，教师教育组织包括师范院校、综合性大学、教育学院、教师培训学校等；就学校内部组织机构而言，是指专门承担教师教育职能的院系或机构，包括教育科学学院（或教育学院）、教师教育学院、教务处的教师教育科（或教师教育处）等。从世界教师教育发展趋势来看，教师教育组织经历了从独立学校形

---

① 在近几年所颁布的有关教师教育改革与发展的政策文本中主要使用“教师教育”的概念，但也存在同时使用“教师教育”和“师范教育”的情况，如2018年颁布的《关于全面深化新时代教师队伍改革的意见》中提出，实施教师教育振兴行动计划，建立中国特色师范教育体系。

② 西南大学于2005年7月由原西南师范大学与西南农业大学合并组建而成，由于原西南师范大学具有教育部直属师范大学的历史传统，合并后的西南大学仍被政府部门视为教育部直属师范大学，如，2007年在教育部直属师范大学开展的师范生免费教育仍将西南大学纳入其中。与此不同的是，北京师范大学朱旭东教授在《六所师范生免费教育的大学成立教师（教育）学院的价值研究：教师教育大学化的组织机构选择》一文中使用“免费师范生教育的大学”，其理由是西南大学已经在校名上没有“师范”的内容，在逻辑上无法再使用教育部六所“师范大学”的称谓。西南大学官网的介绍是“教育部直属重点综合大学”“国家免费师范教育试点的6所高校之一”。故本书未将西南大学列入师范大学。

态到大学学院的演变过程。我国学者在研究西方教师教育变革时涉及的“教师教育机构”指的是参与教师培养的各级各类学校，主要是从学校层次来分析的。这与我国《教育大辞典》对“教育机构”的解释相关。教育机构是指进行各种教育工作的场所和教育管理机关；狭义的教育机构是指各级各类学校。本书研究的对象主要是师范大学内部与教师教育活动有关的组织机构，既包括校—院—系结构中的学院组织，如教育科学学院、教师教育学院等，也包括学校职能部门中的教师教育管理组织，如教师教育处等，还包括学校专门设立的直属机构，如教师教育研究中心等。与“教师教育机构”相比，“教师教育组织”更具包容性和多样性。

（四）组织变革

组织变革（organizational change）是一种普遍的组织现象。一般而言，组织变革可以定义为“组织形式的改变和转变，以使组织能够在环境中更好地生存”[①]。具体而言，组织变革有广义和狭义之分。狭义的组织变革是指组织正式结构的变革，广义的组织变革不仅包括组织结构的变革，还包括组织和组织成员行为的改变以及组织技术的变革。组织变革不是目的，而是组织发展的手段。

就组织变革的类型来看，可以划分为如下两种类型，即“第一阶的、渐进式、持续性的变革，以及第二阶的、转型性的/革命性的、非连续性的变革”[②]。前者往往是小规模的、适应性的，指向组织的结构、流程等方面的调整；后者往往是大规模的、间断式的，指向组织核心部位的重大变革，进而使得组织实质发生改变，但这种划分对于组织成员来说并非“确定性”的，由于接受变革以及受变革影响的程度不同，组织成员对变革的理解也会存在差异。

就组织变革的内容或对象而言，可以划分为三种类型：①组织设计的变革，具体又可分为组织结构上的变革、组织整合机制的变革，以及激励和授权机制上的变革；②组织权力体系的变革，其主要体现在“谁做决策，受谁或者哪个群体影响及如何影响决策，组织为谁服务”等方面的变革；③组织文化的

① Hage J. Theories of Organizations. New York：John Wiley，1980：262.

② 伊恩·帕尔默，理查德·邓福德，吉布·埃金. 组织变革管理. 金永红，奚玉芹译. 北京：中国人民大学出版社，2009：74-89.

变革，即组织里的规范、价值观以及共有假定等方面的改变，“它意味着不仅人们的行为以及他们做事的方式发生了改变，他们对自身的角色和身份以及对做事的思考方式都会发生变化”[①]。这三种类型的组织变革是相互作用与影响的，其中一种类型变革的发生，常常会在不同程度上引发另外两种类型的变革。但无论哪一种类型的组织变革，其实现都是困难重重，但通常来说，变革组织的文化最为困难。

三、国内外相关研究

目前，直接研究师范大学教师教育组织变革的文献数量不多，但教师教育改革与教师教育组织的文献为本研究奠定了基础。下面，在对这两类文献进行梳理和分析的基础上，为本书寻找可能的创新空间。

（一）教师教育的研究

1. 关于教师教育历史发展的研究

教师教育的发展具有历史继承性。历史上出现的教师教育思想、教师教育制度、教师教育模式对今天的教师教育改革与发展有重要的借鉴和启示作用。

我国教师教育发展历程的研究大多蕴含在教育发展史和师范教育概论性质的著作中，如宋嗣廉与韩力学合著的《中国师范教育通览》（东北师范大学出版社，1998 年）、金长泽等所著的《师范教育史》（海南出版社，2002 年）、刘捷与谢维和所著的《栅栏内外：中国高等师范教育百年省思》（北京师范大学出版社，2002 年）、崔运武所著的《中国师范教育史》（山西教育出版社，2006 年）、潘懋元编著的《中国高等教育百年》（广东高等教育出版社，2005 年）、张燕镜主编的《师范教育学》（福建教育出版社，1995 年）等，主要介绍了从清朝末年我国师范教育体系的建立到 1978 年我国教师教育的发展概况，涉及有关教师教育的思想观念、机构设置、政策调整等，在此基础上归纳概括出阶段性特点并总结得失，为准确把握我国教师教育的历史变迁提供了丰富的研究史料。朱旭东和胡艳主编的《中国教育改革 30 年：教师教育卷》（北京师范大

---

① 德博拉·安科纳，托马斯·A. 科奇安，莫林·斯库利，等. 组织行为学：面向未来的管理. 王迎军，等译. 北京：机械工业出版社，2006：200-204.

学出版社，2009年）则对1978年改革开放以来我国教师教育发展问题进行了集中研究，分析认为中国教师教育正“处在十字路口”。除此之外，一些学术论文还对我国教师教育的发展历程、重大历史事件或重要政策进行了研究。谢安邦以中华人民共和国成立为分界点，将我国高师教育发展分为大致各半的两个时期，总结出我国高师教育发展的两个特点：一是我国高师教育还处在数量扩张型的阶段；二是我国高师教育总是落后于教育事业的发展。[①]霍益萍对我国1902—1949年高等师范教育的发展状况进行了梳理[②]；阮春林对清末《奏定学堂章程》颁行前后高等师范教育发展情况进行了研究[③]；刘辉和王小丁对影响我国高等师范教育体系的两个重要学制“壬寅学制”和“癸卯学制”的产生背景进行了详细分析，通过对学制中有关高等师范教育的培养目标、入学资格、办学条件、课程设置、学生义务、费用待遇等内容的解读，彰显其对当今中国高等师范教育改革的影响[④]；刘捷对20世纪二三十年代的“高师改大运动”及其论争进行了详尽的分析，总结了“高师改大运动”所产生的影响和留下的历史经验教训[⑤]；邹华将中国高等师范教育百年发展的历史经验概括为三点：起点高但基础薄弱，升格快但发展滞后，观念新但底蕴不足[⑥]。刘捷将我国高等师范教育百年发展的历史经验和启示概括为：营造良好的政策环境；高等师范教育要积极适应和引导基础教育发展；坚持实施教师资格证书制度；实现学术性与师范性的统一；加强高等师范院校自身教师队伍建设；不断提高高等师范教育的水平和质量；在全社会形成尊重知识尊重教师重视教育的良好社会风气。[⑦]这些研究对今天的高等师范教育改革依然具有启发意义和警示作用，对本书研究也具有参考价值。

在国内，介绍西方国家教师教育历史发展的著作主要有成有信主编的《十国师范教育和教师》（人民教育出版社，1990年）、陈永明主编的《国际师范教育改革比较研究》（人民教育出版社，1999年）、黄崴所著的《教师教育体制国

---

① 谢安邦. 中国高师教育的历史沿革及特点分析. 上海高教研究，1993（2）：94-100.

② 霍益萍. 中国近代高等师范教育发展史略（1902—1949）. 高等师范教育研究，1989（1）：67-74.

③ 阮春林. 清末《奏定学堂章程》颁行前后师范教育探究. 广东社会科学，2012（4）：133-139.

④ 刘辉，王小丁. 论壬寅-癸卯学制与中国高等师范教育. 江苏工业学院学报（社会科学版），2009（4）：58-61.

⑤ 刘捷. “高师改大运动”及其现代价值研究. 高等师范教育研究，2001（3）：31-35.

⑥ 邹华. 中国高等师范教育的历史经验. 教师教育研究，2005（5）：6-9.

⑦ 刘捷. 经验与启示：高师教育百年回眸. 课程·教材·教法，2001（10）：62-66.

际比较研究》(广东高等教育出版社，2002年)、肖甦主编的《比较教师教育》(江苏教育出版社，2010年)等，包含美国、英国、法国、德国、日本等教师教育的发展概况。

2. 关于教师教育基本理论的研究

第一，关于教师专业化理论的研究。在我国，最早对教师教育专业化进行系统研究的著作当属刘捷所著的《专业化：挑战21世纪的教师》(教育科学出版社，2002年)和教育部师范教育司组织编写的《教师专业化的理论与实践》(人民教育出版社，2003年)。《专业化：挑战21世纪的教师》是我国第一部系统研究教师专业化理念的专著，比较系统全面地阐述了教师教育专业化的理论和实践问题，主要对教师专业化的内涵、教师专业的历史演变和现实状态、教师专业化发展的阶段、影响因素及社会、教育和个人基础，以及结合我国教师改革发展的实际就如何提升我国教师的专业化水平进行了研究，对我国教师教育的理论和实践产生了积极的影响。《教师专业化的理论与实践》一书涉及教师专业发展的概念梳理、教师的专业素质、教师教育与教师专业发展的关系、实现教师教育专业发展的制度保障和政策保障，以及教师教育机构与教师专业发展的关系等内容。另外，一些学者也通过期刊论文介绍和宣传教师专业化理念，对我国21世纪教师教育改革产生了重要影响。钟启泉认为，“专业”不仅意味着要接受系统的专业训练，掌握专业知识和技能，通过有效地为公众服务而获得信任，而且代表着一种社会的身份，拥有特殊的地位和权力；欧美各国都通过教师专业化的理念和制度重建来应对提高教师素质的压力。[①]史宁中和柳海民提出，我国21世纪高等师范教育持续发展的关键在于教师专业化，他们具体阐述了为什么要实现教师的专业化以及现实可能性，对教师专业化进行了详细的理论介绍，并就如何实现教师专业化提出了自己的见解。[②]唐玉光探讨了教师专业发展的研究、教师专业化的历史进程、教师专业化的理论探析等主题。[③]这些关于教师专业化的研究深化了对教师职业本质和特点的认识，为我国教师教育改革提供了思想引领。

第二，有关教师教育一体化理论的研究。在20世纪80年代以来的教育改

---

① 钟启泉. 教师“专业化”：理念、制度、课题. 教育研究，2001(12)：12-16.

② 史宁中，柳海民. 我国教师教育发展模式的选择. 中国高等教育，2004(19)：28-29.

③ 唐玉光. 教师专业发展与教师教育. 合肥：安徽教育出版社，2008.

革中，教师对于教育改革成败的重要性逐渐凸显，人们认识到要推进教育改革，首先要提高教师素质。但在较长的一段时间里，教师培养和教师培训是独立分开的两个部分或两个系统。教师培养主要由师范院校承担，其主要任务是传授未来教师所必需的教育理念和专业知识；教师培训主要由地方教育学院或教师进修培训学校承担，主要任务是对在职教师进行学历提升教育，所涉及的内容与职前培养有交叉重复。针对这些问题，教师教育一体化期望将教师职前培养和职后培训进行统一规划，构建相互衔接、各有侧重的教师终身教育体系。[①]肖瑶和陈时见明确指出，教育一体化的最终目的是为教师的专业发展构建终身教育体系，服务于教师的终身学习。他们还介绍了西南大学在教师教育一体化方面的改革实践经验，可以为我国的教师教育一体化改革提供参照。[②]刘敏对教师教育一体化的内涵有所拓展，在认同教师职前培养、入职教育和在职培训的一体化和教师专业持续发展的同时，还补充了两点主张：一是教育机构和管理体制的一体化；二是教育内容、教学方法的一体化。[③]有学者对教师教育一体化的理论研究，除了概念界定和内涵分析之外，还分析了我国教师教育一体化过程中的问题并提出了建议[④]；有学者研究了教师教育一体化进程中的课程建设问题[⑤]；尤其值得关注的是，钟祖荣分析了教育学院在教师教育一体化驱使下的发展前景和策略选择，这对本书研究探讨教师教育学院组织模式具有重要的参考价值[⑥]。

第三，教师教育理论中的争论性问题。在教师教育理论研究中，学术性与师范性、封闭与开放是两个长期争论、影响我国高等教育发展的理论问题。封闭与开放的争论将在教师教育体制的论述中展开，这里重点介绍学术性与师范性的争论问题。谢安邦教授较早地对师范教育中的学术性与师范性问题进行了研究，他分析了学术性与师范性的具体内涵，两者的关系以及在师范院校中如何平衡的问题。叶澜教授将“师范性”与“学术性”之争视为教师教育的“百年难题”，她从历史与逻辑、现实与未来等多角度分析认为，这是一个在现实

① 谢安邦. 中国师范教育改革发展的理论问题研究. 高等教育研究，2001（4）：55-71.

② 肖瑶，陈时见. 教师教育一体化的内涵与实现路径. 教育研究，2013（8）：149-152.

③ 刘敏. 论教师教育一体化的内涵及推进措施. 教学与管理，2012（15）：55-56.

④ 荀渊. 教师教育一体化改革的回顾与反思. 教师教育研究，2004（4）：8-12.

⑤ 何茜，张学斌. 教师教育一体化课程体系及其实施保障. 教育研究，2013（8）：154-156.

⑥ 钟祖荣. 教师教育一体化的反思与教育学院发展的选择. 教师教育研究，2011（6）：9-13.

中存在，但在逻辑上不存在的“真实的假问题”。她认为，之所以这个“假问题”真实地存在于师范院校的办学实践和人们的观念之中，主要原因是人们对这两个概念本身缺乏深刻的探讨，没有深究两者矛盾的根源，这其实主要与人们的思维方式和认识水平有关。根据博耶所提出的学术四个层次的观点，所谓的“师范性”与“学术性”的对立就不复成立。新世纪更重要和更具有全局意义的任务是探讨教师专业性问题。[①]张正锋认为，“学术性”与“师范性”争论的根本原因在于人们缺乏教师职业的专业视角，只有真正将教师视为无可替代的专业时，两者的争论将不复存在。[②]孙二军和李国庆具体分析了高等师范院校“学术性”与“师范性”的内涵，在他们看来，高等师范院校的“学术性”可以理解为三个层次：一是追求高深知识创造和探求真理的学术性；二是一般性的学术追求；三是教育学科本身所体现出来的学术性，可称为师范学术性。高等师范院校的“师范性”不仅仅是通常所说的学科专业和教育专业的知识和技能，还体现为师范教育特有的精神和道德，这是教师职业与其他职业不同的地方，更是师范价值的体现，只有教师专业精神和道德的支撑，才能使教师真正做到“学高为师，行为世范”，从而确立教师的专业地位。谋求“学术性”与“师范性”的和谐统一，要讲究策略和方法，首先，两者的统一不能简单化地拼凑，在师范教育的不同阶段应该注意两者的适当分离和整合；其次，要对高等师范院校的“学术性”进行重新定位，在思想观念上真正把握其实质内涵；最后要正确理解“师范学术性”。[③]与他们主张相同，康翠萍从师范性与学术性的内涵、高等师范教育的性质以及高等师范教育的任务等三个方面论述了高等师范教育应该坚持“学术性”与“师范性”的统一。[④]徐来群将“学术性”与“师范性”看作教师专业性的两面，认为坚持教师的专业化，两者就不应该存在矛盾，这样就能解决“师范性”与“学术性”之争。在教师培养中，强调“学术性”或“师范性”实际上是对教师专业性的认识存在极端化倾向，认为两者是非此即彼、此消彼长的，实际上，真正的教师专业特性应该是两种

① 叶澜. 一个真实的假问题：“师范性”与“学术性”之争的辨析. 高等师范教育研究，1999（2）：10-16.
② 张正锋. 关于“学术性”与“师范性”之争的原因分析. 黑龙江高教研究，2004（5）：7-9.
③ 孙二军，李国庆. 高师院校“学术性”与“师范性”的释义及实现路径. 高教探索，2008（2）：95-99.
④ 康翠萍. 师范性与学术性统一：高等师范教育运作的基本原则. 江苏高教，2001（3）：81-83.

状况的中间状态。①这些研究有助于我们深刻理解“学术性”与“师范性”的特定内涵，准确把握师范院校的组织属性，对师范院校进行恰当定位和定性。

3. 关于教师教育体制演变的研究

学界对高等师范教育体制的分类至今没有形成一个统一的分类标准。影响最广的当属英国教育家波特（J. Porter）划分的“定向型”师范教育和“非定向型”师范教育两种类型。②“定向型”师范教育是指由专门师范院校对学生进行普通文化科目、专门科目和教育科目、教育实践的混合训练，以达到特定的培养目标。学生毕业后被分配或推荐到中小学从事教师工作。“非定向型”师范教育指综合大学、文理学院或其他专门学院附属的教育学院（师范学院）或教育系科，为欲获取教师资格的本科或本科后学生提供教育科目和教育实践训练。林樟杰在《教师教育体制机制问题研究》一书中，围绕“制度与模式”，重点对“定向型”和“非定向型”师范教育体制进行了比较分析，探讨了“定向型”师范教育体制的生存条件和“非定向型”师范教育体制的成因③。后来，这两种典型师范教育体制发展形成了第三种类型——“混合型”师范教育体制，是指一个国家或地区同时采用“定向型”和“开放型”师范教育体制。谢安邦④、刘新玲⑤采用了同样的划分方式。刘新玲以此为基础对我国高等师范教育体制的演变和西方发达国家的高等师范教育体制演变轨迹进行了具体的分析。除此之外，其他学者的分类各有不同，有的互有交叉。苏真将其分为封闭式师范教育体制和开放式师范教育体制。⑥黄崴认为封闭式体制是计划经济的产物，开放式体制是市场经济的要求，中国在一段时期内实行的是政府主导的“行政定向、封闭运行”体制，但这种体制有其局限性，只与计划经济体制相适应；在市场经济体制下丢失了存在的基础，就需要建立与当前中国社会经济发展和教育发展相适应的教师教育发展体制。⑦《教育大辞典》将定向型师

① 徐来群. 一块金币的两面：师范性和学术性之争何时休——兼论综合性大学教师培养的专业性. 教师教育研究，2006（1）：7-11.

② 顾明远. 教育大辞典：增订合编本. 上海：上海教育出版社，1998：657.

③ 林樟杰. 教师教育体制机制问题研究. 北京：中国人民大学出版社，2009：63.

④ 谢安邦. 师范教育论. 北京：中国建材工业出版社，1997：70.

⑤ 刘新玲. 我国高等师范教育体制演变的历史回顾与思考. 高等师范教育研究，2002（1）：10-16.

⑥ 苏真. 比较师范教育. 北京：北京师范大学出版社，1991：9.

⑦ 黄崴. 建立以市场为取向的多元开放型教师教育体制. 现代教育论丛，2001（2）：15-17.

范教育与封闭式师范教育等同，将非定向型师范教育与开放式师范教育等同。[①]柳海民将师范教育体制分为单一型、封闭型、定向型、混合型、非定向型。[②]

关于我国师范教育的发展走向问题，学界比较一致的意见是从传统封闭定向的师范教育体制走向灵活开放的教师教育体制。张德祥分析了我国高等师范教育从封闭式师范教育体系向开放式师范教育体制转变的两个条件：一是教师职业的吸引力不断增强，能够吸引优秀人才充实到教师队伍，这样才能有稳定的教师来源；二是需要实施教师资格证书制度，规范教师职业的质量标准，使非师范院校的优秀毕业生有路径进入教师行业，同时保证教师的质量。[③]在此基础上，学者李忠康认为我国教师教育体制的改革应包括五个方面：①师范教育在层次上应由低水平的“数量型”向高水平的“质量型”转变；②师范教育的体系应由“封闭定向型”向“开放非定向型”转变；③师范院校的办学理念应由重视“师范型”向“师范与学术并重型”转变；④师范院校在性质上应由“文理基础型”向“综合全面型”转变；⑤师范院校的教育经费投入应由政府“独资型”向多渠道筹措的“共建型”转变。[④]

4. 关于教师教育政策的研究

政策的本质是对利益和价值的分配。教育活动离不开利益的调整和价值的选择，教育政策对教育活动的开展有着重要影响。教师教育政策是政党和政府机关团体在一定历史时期，为实现特定的教师教育发展任务和目标，解决教师教育发展中存在的问题而制定的有关教师培养、入职教育和在职培训等方面的行为准则。[⑤]政党和政府主管部门运用政策的手段，实现其对教师教育制度或体系的安排，实现其发展教师教育、提高教育质量的目标。

在我国，研究教师教育政策的论文和著作是在 2000 年以后逐渐增多的，研究主题日益丰富：从教师教育政策的历史变迁到教师教育政策的价值转化，从教师教育政策的整体分析到微观具体教师教育政策的分析；研究视角和研究方法也日益多样，积累了较为丰硕的成果。从研究类型来看，教师教

---

① 顾明远. 教育大辞典：增订合编本. 上海：上海教育出版社，1998.

② 柳海民. 教育原理. 长春：东北师范大学出版社，2000：540.

③ 张德祥. 面向 21 世纪的大学自我重塑. 北京：人民教育出版社，2001：84.

④ 李忠康. 论二十一世纪初中国高等师范教育的转型. 山西师大学报（社会科学版），2002（1）：5-10.

⑤ 杨跃. 论我国教师教育政策研究. 南京师大学报（社会科学版），2018（1）：60-66.

育政策研究主要分为三类：第一类是我国教师教育政策的历史研究。这是教师教育政策研究早期比较集中的研究类型，通过梳理我国教师教育政策历史变迁来寻找历史经验和教训，达到“以史为鉴”的目的。这类研究的代表是陈永明等，他们回顾了我国教师教育政策的历史发展，分析了我国教师教育政策存在的问题，并为我国教师教育政策的建设提供了建议。[①]曲铁华和崔红洁通过对1978—2013年教师教育政策文本的分析，透视出这个时间段内我国教师教育政策的价值取向从工具本位向教师本位、从效率优先向关注公平、从一元封闭向多元开放转变。[②]荀渊和曾巧凤认为，改革开放以来，我国教师教育政策的重心从数量需求导向转变为质量提升导向，而提升教师培养质量的两个路径分别是专门化和开放化，未来教师教育政策建设的重点是完善制度体系和优化政策过程。[③]闫建璋和王换芳采用历史制度主义的分析框架对改革开放40年来我国教师教育政策的变迁问题进行了分析，他们得出的结论是，我国教师教育政策变迁属于在国家主导下发生的强制性制度变迁，政策的价值取向从“工具价值”转向“个人价值”，受我国教育管理体制等因素的影响，变迁过程中存在比较明显的路径依赖现象。[④]第二类是教师教育政策的比较研究。这也是教师教育政策研究早期主要的研究类型，主要是对美国、英国、法国、德国、日本、瑞典、新加坡等国的教师教育政策进行分析，为我国的教师教育政策提供参考和借鉴，以达到“他山之石，可以攻玉”的目的。这类研究的代表是祝怀新编著的《封闭与开放：教师教育政策研究》（浙江教育出版社，2007年）。第三类是具体的教师教育政策分析，比较集中的是对免费师范生政策的研究，还有关于师范院校布局调整的政策、乡村教师队伍建设的政策等研究。这类研究对解决我国教师教育发展中的实际问题具有针对性，同时还能积累和发展教师教育政策的理论知识，拓展我国教师教育政策研究的深度和广度。

在已有的教师教育研究中，引用次数较多的教师教育政策主要有《中共中央关于教育体制改革的决定》（1985年）、《中国教育改革和发展纲要》（1993

---

① 陈永明，等. 教师教育研究. 上海：华东师范大学出版社，2003.

② 曲铁华，崔红洁. 我国教师教育政策价值取向变迁的路径与特点：基于1978—2013年政策文本的分析. 现代大学教育，2014（3）：70-76+113.

③ 荀渊，曾巧凤. 改革开放40年教师教育政策变迁的回顾与反思. 教师发展研究，2018（4）：10-16.

④ 闫建璋，王换芳. 改革开放40年我国教师教育政策变迁分析. 教师教育研究，2018（5）：7-13.

年）、《关于师范教育改革和发展的若干意见》（1996 年）、《中共中央 国务院关于深化教育改革全面推进素质教育的决定》（1999 年）、《关于师范院校布局结构调整的几点意见》（1999 年）、《国务院关于基础教育改革与发展的决定》（2001 年）、《关于"十五"期间教师教育改革与发展的意见》（2002 年）、《国家中长期教育改革和发展纲要》（2010—2020 年）（2010 年）。这些政策对我国教师教育的改革和发展产生了重要影响，并将在未来继续形塑着我国的教师教育制度和体系。

（二）教师教育组织的研究

1. 关于师范院校转型的研究

师范院校转型的研究，在我国始于 20 世纪 90 年代，主要涉及以下内容。

第一，高等师范院校转型的原因。根据组织发展理论，组织所处的内外环境变化是组织转型的直接动因。对高等师范院校而言，也不例外。高等师范院校面临来自外部的挑战，主要包括社会转型对高等师范院校的挑战、高等师范院校与国家教育政策之间的不适应以及综合性大学参与举办教师教育的严峻现实三个方面。高等师范院校自身存在的问题主要包括高等师范院校的办学体制不适应社会转型的时代要求、高等师范院校没有办出自身特色、高等师范院校内部改革中存在的诸多问题。①周洪宇把世纪之交我国高等师范院校面临的挑战概括为五个方面：社会主义市场经济对现行师范教育体制的冲击；知识经济时代对高素质教师的要求；基础教育的发展对提高师资学历层次和专业素质的迫切需要；名牌综合性大学兴办师范专业对现行师范教育体制格局的打破；国家近年来对重点大学的政策倾斜和重点投入拉大了差距。这些挑战对高等师范院校的未来前途具有决定性、根本性、全局性的影响。②赵金保和张俊宗把封闭式师范教育体系下的传统师范大学面临的困难和挑战概括为三个方面：一是传统师范大学难以适应现代化建设的多种要求；二是传统师范大学在未来竞争上难以具有优势；三是传统师范大学人才培养质量难以适应素质教育的要求。③

---

① 幺加利，王静. 论高等师范院校的改革路向. 教师教育研究，2007（4）：23-27.

② 周洪宇. 世纪之交高等师范院校面临的挑战与抉择. 华中师范大学学报（人文社会科学版），2000（1）：108-112.

③ 赵金保，张俊宗. 论传统师范大学的现代转型. 西北师大学报（社会科学版），2000（3）：1-6.

张斌贤认为，教师教育体系的变革、综合性大学参与教师教育对高等师范院校世袭领地构成的威胁是师范院校转型的背景，高等师范院校发展面临的真正危机是其自身长期以来形成的狭隘和封闭意识，不适应现在充满竞争的社会。高等师范院校所处的环境变化构成转型的直接动因，其历史传统所形成的路径依赖可能构成转型的阻碍因素，比如，高等师范院校在独立封闭的师范教育体系下享有的政策保护，使之缺乏其他类型高校所具备的竞争文化；高等师范院校长期发展所形成的学科结构和文化观念增加了其向综合性大学转型的难度。这些影响短期内很难得到彻底转变，它们是分析高等师范院校转型原因和构建转型策略时不可忽略的重要因素。①单中惠和徐征的研究发现，对于西方发达国家的师范教育机构转型而言，既有包括社会变化、教育改革和发展以及教育科学进展等外部动因，又有包括教师标准要求提升、教师资格证书制度确立和师范教育机构自身变革等内部动因，是外部因素和内部因素共同作用的结果。②

第二，高等师范院校转型的目的或实质。高等师范院校转型的目的或实质到底是什么呢？这涉及对师范院校转型的价值选择和战略选择，对师范院校和教师教育的发展都至关重要。钟秉林和阎光才认为，师范院校转型不是要师范院校丢弃教师教育的传统和特色，而是通过综合化达到提升教师教育质量的目的。③张斌贤认为，高等师范院校转型的实质是拓展高等师范院校的功能和转变高等师范院校的属性。高等师范院校不应局限于教师教育的单一功能，而应该拓展自身的组织功能，成为真正的高等教育机构和学术机构。④从以上观点可以看出，学术界对高等师范院校转型的目的或实质的认识是相对一致的、理性的。高等师范院校转型的目的不是丢掉师范院校教师教育的传统和特色，而是拓展其组织功能，增强其组织实力，提升其影响力，进而促进自身的发展和教师教育质量的提升。

---

① 张斌贤. 论高等师范院校的转型. 教育研究，2007（5）：19-24.

② 单中惠，徐征. 西方国家师范教育机构转型的路径、成效及动因. 国家教育行政学院学报，2012（5）：83-88.

③ 钟秉林. 论师范大学的发展与教师教育的改革：以北京师范大学的改革探索为例. 北京师范大学学报（社会科学版），2010（1）：5-12；阎光才. 美国教师教育机构转型的历史经验及其启示. 教师教育研究，2003（6）：73-77.

④ 张斌贤. 论高等师范院校的转型. 教育研究，2007（5）：19-24.

第三，高等师范院校转型的目标。在高等师范院校转型成为必然趋势的背景下，确立科学合理的转型目标是高等师范院校成功转型的基础和前提。目前，“综合化发展”或“综合性”是具有较高认可度和接受度的主流观点，主张高等师范院校从培养教师单一职能的院校结构向综合性大学转型。许美德通过比较发现，高等师范院校向多科性、综合性大学转型是大势所趋。宋涛在分析国外教师教育变革趋势的基础上指出，师范院校在师资、生源、课程、经费和设备等方面逊于综合性大学，影响了师资培养的质量，一些国家将师范院校改为或并入综合性大学，建议师范院校走综合化发展道路。朱旭东认为师范大学转型“是从一个以教师教育为主要组织结构形态的师范大学向一个以研究性综合型组织结构形态的现代大学的变革”①。顾明远通过总结美国、日本等国家师范学院改为综合大学的历程发现，师范院校向综合大学转型有三个前提条件：首先是基础教育对教师的数量需求得到满足；其次是需要提高教师的专业水平；最后是教师职业的吸引力应不断增强。他分析了我国具备转型的条件，认为转型是必然趋势，是时代的需要、发展的需要。②

第四，高等师范院校转型的要素。高等师范院校的转型是一项系统工程，包含许多基本要素，如办学思想的转变、办学目标的定位、发展战略的规划、学科结构的调整、人才培养模式的改革等，但不同的高校是有差异的，需要结合校情具体分析。谢维和认为高等师范院校转型应该抓住体制改革、学术发展和教师培养模式创新三个关键。笔者认为，高等师范院校转型是指高等师范院校作为大学组织的转型，高等师范院校组织所发生的以结构性变迁为主要内容的学校整体性调整，涉及学校的思想观念、组织结构、制度文化等，是学校发展的一种形式。学科、专业和人才培养模式是影响大学组织发展的实体性关键要素，这三者的改变将会带来高等师范院校的实质性改变。此外，组织结构、管理制度和师资队伍也是师范院校转型过程中必须要考虑的因素。传统高师院校的组织结构对应中小学的学科课程，无法适应现代大学的需要，需要建立专业的组织结构，以实现地方高师院校转型中的教师教育功能。刘慧阳提出高等师范院校要从教师教育思想观念的创新、学科专业结构的调整和人才培养模

① 朱旭东. 论师范大学的“战略转型”及教师教育的组织结构选择. 当代教师教育，2008（1）：13-19.

② 顾明远. 师范院校的出路何在. 高等师范教育研究，2000（6）：3-5.

式改革等方面积极推进教师教育管理制度的改革创新。[①]陈先哲和谢斌提出，转型背景下省属师范大学师资队伍建设中“外引”以综合化为主，“内培”以保持教师教育特色为主，才能化解综合化与保持教师教育特色之间的矛盾。[②]

第五，高等师范院校转型中的问题。我国高等师范院校转型是在高等教育实现大众化的进程中发生，是自上而下的行政推动和自下而上的自主选择相结合的产物。在较短的时间内扩大高等教育规模，导致高等师范院校对自身将要面临的挑战和已发生的变化缺乏充分的准备与仔细的谋划，产生了一些难以预料的问题。因此，总结和反思高等师范院校转型过程中出现的问题也是高等师范院校转型研究的重要内容。顾明远在反思我国教师教育改革时指出，师范院校改为综合大学的三个条件在我国初步具备，但还不充分。中国师范院校转型所存在的根本问题是没有真正转变教师教育的培养模式，在专业设置、课程规划和教育方法改革方面没有及时跟进，并没有实现利用综合学科优势和资源来加强教师教育的预期目标。[③]因此，师范院校转型后教师教育如何发展的问题，引起了许多研究者的关注。有学者认为，师范大学转型不能丢掉教师教育特色，应确立教师教育的特色地位，创新教师教育的体制机制和人才培养模式，做强、做优教师教育。具体来说，通过提高认识来促进教师教育的健康发展、加大学科渗透以厚实学科基础、调整课程结构以强化专业教育、改革教学模式以提升专业素养、加强科学研究以促进学术性与专业性同步提升、深入基层教育以促进与基础教育的融合等策略，有效加强教师教育。向综合化发展和突出现代教师教育特色的兼顾，已成为师范大学改革与发展的共识。余玲玲等研究了师范大学转型过程中面临的综合化和教师教育特色发展双重困境并提出了相关对策，他们认为综合化的困境包括综合化与师范特色的冲突、从浅层综合化向深度综合化跨越的困境、综合化人才培养模式的困境三个方面，增强教师教育特色的困境包括教师教育专业性提升与地域发展差异化需求的背离、国家教育政策对教师教育专业化重心后移态度不明、教师教育专业化自身建设的挑战三个方面。虽然许多学者关注到高师院校转型的困境问题，但相关研究还

① 刘慧阳. 试论高等师范院校在教师教育转型期的管理制度创新. 甘肃高师学报，2005（1）：101-103.
② 陈先哲，谢斌. 转型背景下省属师范大学师资队伍建设之道. 高教发展与评估，2013（3）：117-121.
③ 顾明远. 我国教师教育改革的反思. 教师教育研究，2006（6）：3-6.

较薄弱和零散，对问题的分析停留于现实描述而缺乏未来视野，如果不能准确分析高等师范院校转型的困境，就会对高等师范院校转型和教师教育改革的成败产生影响。

2. 关于教育院系发展的研究

教育院系是高等师范院校或综合性大学开展教师教育的主要机构，一些院校存在着教育院系与教师教育学院并存的组织结构。

美国大学教育学院已有一百多年的历史，它自成立以来就受到学者的关注，既有批评之声，也有建议之言。克利福德（G. J. Clifford）和达琳翰蒙德（L. Darling-Hammond）等美国学者批评大学教育在教师培养上效果难以令人满意，不能有效满足中小学的需求，主要原因是教育学院的活动被大学中的学术和研究所主宰，主要是从事教育研究而不是教师培养，出现了功能偏差。①正是因为美国教育学院饱受争议，所以，在 20 世纪 50 年代以后，先后有耶鲁大学、霍普金斯大学、加州大学和芝加哥大学关闭了教育学院。2006 年，哥伦比亚大学教育学院院长莱文（A. Levine）领导的研究团队发布了历经 4 年、对全美 1206 所教育学院展开调查的报告，认为美国大学教育学院处在一个需要变革的十字路口。

齐默非（N. L. Zimpher）和拉伯雷（D. F. Labaree）则分析了教育学院地位低下的原因。齐默非认为教学职业地位低下是导致教育学院地位低下的主要原因，教育学院自身存在着“缺乏专业地位，缺乏智力基础，培养目标定位失败，资源竞争力羸弱”等问题；拉伯雷采用历史社会学的方法，对教育学院地位低下的历史根源进行了历史分析和功能分析，提出了教师教育大学化动力的“社会流动功能论”，从教育学院作为社会组织的结构性特征分析了教育学院存在问题的根源。②我国学者也对美国教育学院地位低下及其面临的问题进行了研究。洪明教授认为，美国大学教育学院不能培养中小学所需要的教师、职能偏离社会期待、学院自身的改革没有取得明显成效导致美国大学教育学院面临

① Clifford G J. Ed School：A Brief for Professional Education. Chicago：The University of Chicago Press，1988：87.

② 转引自周钧. 历史社会学视角中的美国大学教育学院研究：评《教育学院之困境》. 教育学报，2006（2）：91-96.

危机，正处于逐步退出大学的危险之中。①张济洲和苏春景对美国大学教育学院的研究发现，教育学院在大学组织结构中处于边缘化地位，存在着专业性与学术性的冲突，教师培训的效果不理想，对基础教育需求的变化反应不及时，没能有效地引领和指导美国的基础教育改革。②美国大学教育学院面临的问题也是我国高等师范院校面临的挑战，需要审慎应对。

我国师范大学教育院系的发展问题也得到一定程度的关注。张斌贤从历史、现状和未来走向三个方面，分析了高等师范院校教育院系的改革与发展问题。③他认为，就历史变迁而言，教师教育体系所形成的基本特点、教师自身的结构变化和教师需求结构的变化、教师教育机构的基本特性以及教师培养的专业结构和课程结构的特点等是影响教育院系变迁的因素。在这些因素综合作用下，高等师范院校的教育院系在培养目标，学科、专业和课程以及师资结构等方面面临挑战。就现实处境而言，教育院系存在人才培养目标的“虚置”与机构功能的不确定、专业设置严重滞后于教育的现实变化、学科结构与师资结构的单一等问题。就未来走向而言，教育院系的重建需要科学规定教育院系的基本性质，立足实际，自觉追求多元化的发展模式，适时地转变教育院系的功能和调整学科建设的思路。高等师范院校教育院系所面临的这些问题是教师教育组织变革中不可回避的问题，否则，教师教育组织的变革难以成功。

教师教育学院是我国教师教育从封闭到开放以后出现的组织现象，与我国的教师教育改革、师范院校转型密切相关。近些年出现了一些与此相关的研究成果。

第一，教师教育学院的目的和价值研究。关于教师教育学院成立的目的，比较主流的观点是整合教师教育资源，集中校内的优势力量，加强教师教育的研究和管理，提高教师培养的质量。原因是师范院校综合化以后，教师教育将不再作为一种学校教育的形态存在，而是作为一种专业教育的形态存在。④这就要求师范大学设立专门的机构开展教师教育活动。师范大学中原来开展教师教育活动的机构似乎都不可能单独成为教师教育的主体，在这种情形下，对师

① 洪明. 教师教育是否会退出大学专业教育行列：美国大学教育学院的“危机”及其警示. 高等教育研究，2014（1）：50-56.

② 张济洲，苏春景. 美国大学教育学院：教师教育大学化实践困境及改革. 教育学报，2010（6）：110-114.

③ 张斌贤. 论高等师范院校教育院系的重建. 高等教育研究，2006（6）：61-67.

④ 李学农. 教师教育组织的重构. 教育评论，2004（2）：3.

范院校内部的教师教育资源和力量进行重组或优化，成立专门的机构开展教师教育成为必然的选择。同时，教师教育资源分散在学校各个院系，会导致教师教育被“边缘化”或“弱化”，而将分散的教师教育资源适当归拢集中，有利于教师教育的展开。这种观点可以从已经成立的教师教育学院有关使命或宗旨的公开陈述中得到印证。朱旭东将成立教师教育学院视为我国教师教育大学化的组织结构重大选择，他认为实施师范生免费教育的六所大学成立教师教育学院是实现现代大学战略转型的标志，为处于迷茫和困惑中的教师教育提供了探索和创新的样板，为师范大学综合化以后的组织结构调整和资源整合提供了试验的样本。刘恩允将教师教育学院的价值定位于师范大学综合化以后，为满足培养专业化教师的需要，在师范大学中具体承担教师教育任务的专门机构，是师范大学探索在“学术性”基础上强化“师范性”、在学科专业基础上融入教育专业内容的教师教育的新模式。[①]邢红军等则从学科教学知识的视角，把教师教育学院看作学科教学知识理论中国化的实践形态。

第二，教师教育学院的类型研究。不同学者依据不同的标准对已经成立的教师教育学院进行了类型划分。张斌贤和董静从教师教育机构成立的直接起因分析，将现有的教师教育学院分为四种类型：机构更名、机构重组、机构新建和机构“别名”。从机构定位和承担的功能分析出发，将已有的教师教育学院划分为三种类型：教学-科研型、管理-服务型和管理-教学型。[②]吴仁英和刘恩允从职能分工和运行机制的角度将教师教育学院分为独立建制型、职能拓展型、职能提升型、行政管理型和教学研究型。[③]这两种划分方式看似标准独立，实则分类不准确，概括不全面，值得商榷。比较而言，邢红军等的研究思路更具新意。他们将教师教育学院建制化的发展脉络构建为一个递进的连续体，主要分为传统型、初级型、半独立型和完全独立型四种，他们分析发现，绝大部分师范大学停留在传统的学科院系与教育院系分离设置的状况，少量师范大学处于半独立型和初级型，南京师范大学是完全独立建制型的实践样本。

第三，教师教育学院发展运行中的现实问题研究。部分高等师范院校将成

---

① 刘恩允. 教师教育学院：师范院校创新教师教育模式的策略构想. 临沂师范学院学报，2010（1）：13-16.

② 张斌贤，董静. “教师教育学院现象”与师范院校的发展战略. 高等教育研究，2012（10）：30-36.

③ 吴仁英，刘恩允. “教师教育学院”模式的角色定位与实施路径. 当代教育科学，2011（5）：32-34.

立教师教育学院视为实现教师教育特色发展和综合化转型发展双赢的抓手，但实际运作过程中出现的“改革意识不彻底、教育资源难整合，运行机制不畅通、利益冲突难解决，政策支持不到位、制度障碍难克服，学科依托较薄弱”等问题不容回避。这些困境能否有效化解，将直接关系到教师教育学院自身的健康发展，也关系到高校教师教育改革的成效。为此，探索和创新教师教育学院模式尤为必要。吴仁英和刘恩允提出了一种包括“四阶段”人才培养方案、“双栖型”教师队伍、“超市型”课程体系、“实践型”教学模式及“互动式”运行机制的教师教育学院模式。①韩延明建议高师院校建设教师教育学院，一要加强组织领导与资金投入，二要明晰教师教育学院建制与职能，三要创设地方高师院校新型教师教育模式，四要重构教师教育类课程体系，五要加强实践环节设置与教学。②张斌贤在分析教师教育学院有关问题的基础上，探讨了师范院校的教师教育特色的内涵及其强化策略、师范院校教师教育改革的突破口选择问题等。③作者的观点是，师范院校要真正强化教师教育特色，首先在于师范院校本身的发展，从教师的培养机构向真正的高等教育学术机构转型，提升高等师范院校的学术品位，构建系统的教师教育知识体系。在这个过程中，师范院校自身的功能改造是前提。师范院校只有进行系统的教师教育体制改革才能真正形成教师教育特色。教师教育学院的出现，只能是教师教育机构改革的一种尝试，寄托了教师教育改革的某种价值或功能期待，但其运行存在的问题也是无法回避的，改革的成效还有待时日检验。

（三）文献评析

综观已有相关文献，可以得出以下基本认识：

1. 对师范院校转型的研究欠缺理论深度

师范院校的转型是一项复杂的系统工程。我们需要对师范院校转型发生的背景有深刻全面的了解，对师范院校转型的必要性有充分的认识，对师范院校转型的内在逻辑进行理论推演，对师范院校转型路径提出政策建议，期望能指导我国的师范院校转型实践。但是，师范院校的转型之路并不顺畅，在师范院

① 吴仁英，刘恩允．“教师教育学院”模式的角色定位与实施路径．当代教育科学，2011（5）：32-34.

② 韩延明．综合化进程中地方高师院校教师教育模式改革探议．教师教育研究，2011（1）：1-6.

③ 张斌贤．论高等师范院校的转型．教育研究，2007（5）：19-24.

校综合化困难重重的同时，面临着教师教育弱化、虚化等危机，这既与我们对师范院校转型的理论准备不足有关，也与我们对师范院校转型的复杂性认识不够有关，这就需要深化对师范院校转型的理论研究，探求师范院校转型背后的真实动机、利益诉求和权力博弈，这样才有可能为师范院校转型找到正确的方向。

2. 对师范大学内部教师教育组织变革的研究薄弱

教师教育组织的结构设计和运行机制影响教师教育系统的整体效益，它影响教师教育资源的配置，制约教师教育人才培养模式和课程模式的改革。当前，教师教育研究在宏观层面和微观层面探讨较多，但缺乏对教师教育组织及其变革的关注。有学者对2001—2014年我国教师教育的研究情况进行统计分析后发现，教师教育的组织变革在理论和实践两方面都被“遗漏”。①在已有的关于教师教育转型研究和师范大学转型研究中，朱旭东多次谈到了师范大学教师教育的战略选择和组织结构调整问题，指出这是教师教育实践中需要关注的问题，但对问题形成的原因和解决方案还缺乏系统的研究。因此，对师范大学内部教师教育组织的相关研究比较薄弱，是教师教育改革和师范大学发展急需解决的问题。

3. 对教师教育改革的研究重政策分析，轻理论阐释

教师教育改革具有多重属性，既是理论问题，也是实践问题，还是政策问题。在我国目前的教师教育改革中，政策因素的影响很大，较多的研究是从政策分析的角度来探讨教师教育改革有哪些变化，政府主管部门出台的相关政策会对教师教育改革和师范院校的发展产生什么样的影响。政策分析不同于理论研究，政策更多考虑的是现实可操作性，有很强的主观期待，但主观期待并不一定符合理论规律，这也是许多政策出台难以达到预期的重要原因。对教师教育改革的研究更需要有深度、系统性、批判性的理论，来指导教师教育改革实践。

本书在教师教育转型和师范大学综合化的背景下，综合运用社会学、管理学、教育学等学科的理论和方法，分析师范大学的教师教育组织变革的必然性、现实状况和可行策略，为师范大学推进教师教育改革提供学理支撑和政策参考。

---

① 方泽强，孟朔竹. 2001—2014年我国教师教育研究述评：兼论我国教师教育改革基本路径. 教育与考试，2014（6）：81-87.

四、本书逻辑与研究方法

（一）本书逻辑

本书以场域理论、组织变革理论和教师教育基本理论为基础，运用文献研究法、历史研究法和调查研究法，分析师范大学的教师教育组织变革的必然性、现实状况和可行策略，为师范大学推进教师教育改革提供学理支撑和现实参考。

本书以场域理论和组织变革理论为理论基础构建分析框架，场域理论贯穿研究始终，主要运用场域、资本、惯习等概念展开分析和论述；在研究的某一环节或阶段会针对研究的具体问题，在场域框架内运用组织变革理论进行分析。教师教育专业化理论、教师教育大学化理论和教师教育一体化理论揭示了教师教育活动的价值追求和内在规律，为师范大学教师教育组织变革提供了教育学理论视角的依据。教师教育专业化理论强调教师教育组织变革的价值追求，教师教育组织变革要服务于培养专业化教师这一目标；教师教育大学化理论强调师范大学内部教师教育组织存在的合理性和必要性，以及教师教育组织变革所面临的“学术性”和“师范性”兼顾的难题；一体化理论要求师范大学教师教育组织的变革应该考虑师范生职前培养和教师职后培训职能的一体化，避免顾此失彼的现象。教师教育组织变革只有真正契合这三种理论的要求和主张，才能是有效的。

具体来说，其一，本书对主要发达国家教师教育机构的转型历程和我国教师教育的发展演变进行梳理，从历史和比较的视角阐述我国师范大学教师教育组织变革的背景；其二，运用场域理论，从教师教育和师范大学所面临的领域变化分析师范大学内部的教师教育组织为什么要进行变革；其三，运用问卷调查和访谈调查所获得的数据，结合文献资料呈现我国师范大学教师教育组织的现状和问题；其四，运用场域理论的三个核心概念——场域、资本和惯习分析我国师范大学教师教育组织变革存在困境的原因；其五，从场域理论出发，针对存在的问题，就推进我国师范大学的教师教育组织变革提出策略建议；最后，归纳本书研究的基本观点，提炼其创新之处，总结其不足之处，并对后续研究进行展望。具体研究框架见图 0-1。

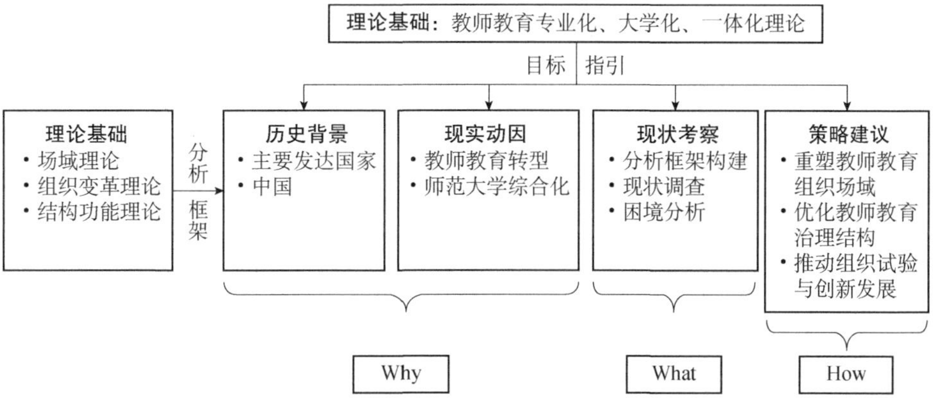

图 0-1　本书研究框架

（二）本书研究方法

选择恰当的研究方法，是研究取得成功的重要保证。每一种研究方法都有其适用的问题和情境，都具有优势和局限性。所谓恰当的方法，在波普尔看来，就是能形成合理论证结果的方法。①美国研究理事会在教育科学研究的指导原则中建议最好使用对研究问题能进行直接研究的方法。②本研究需要收集关于教师教育改革、师范院校转型和教师教育组织机构的文献资料，从历史的角度把握教师教育的发展历程和师范大学教师教育组织的变革进程，通过调查了解我国师范大学教师教育组织机构及其运行的现状，结合教师教育改革趋势和场域理论、组织变革理论等相关理论，提出师范大学教师教育组织变革的可行策略。综合考虑研究目的、研究内容和研究者自身条件等因素，本研究主要采用以下三种研究方法。

1. 文献研究法

文献研究法是社会科学研究的一个重要研究方法，也是本书使用的基本研究方法。文献研究法是以文献的搜集、筛选、鉴别和整理为基础，通过对文献的分析和研究而获得对事物的科学认识。③收集、掌握丰富的文献资料有助于寻找理论、把握现实，为论证提供支撑。本书主要收集、整理和运用三类文献

① 卡尔·波普尔. 猜想与反驳：科学知识的增长. 傅季重，等译. 上海：上海译文出版社，1986：100.

② 理查德·沙沃森，丽萨·汤. 教育的科学研究. 曹晓南，程宝燕，刘莉萍译. 北京：教育科学出版社，2006：3.

③ 杨丽珠. 教育科学研究方法. 大连：辽宁师范大学出版社，2003：265.

资料：一是国内外关于师范教育和教师教育改革发展的相关著作和期刊论文，了解世界和我国教师教育发展的历史和趋势，掌握教师教育的基本理论；二是我国和世界发达国家（主要是美国、德国、法国、英国和日本）关于教师教育改革的政策文本，掌握教师教育政策变革的基本趋势；三是我国师范大学教师教育改革的相关经验材料，这类文献主要是由师范大学的领导撰写和新闻记者采写的师范大学教师教育改革的经验和做法，主要刊发在《中国教育报》、相关学术期刊和会议论文集上；四是我国师范大学教师教育组织机构的相关资料，主要通过官方网站和宣传手册查询获得。

2. 历史研究法

历史研究法是通过对相关社会历史过程的史料进行分析、破译和整理，以认识研究对象的过去，研究现在和预测未来的一种研究方法。本研究在教师教育和教师史的文献资料与工具书中，广泛收集有关美国、法国、英国等主要发达国家和我国教师教育发展的史料，尤其是有关教师教育组织机构的数据和信息，以期更好地把握教师教育组织的过去、现在和未来，进而探索蕴含在其中的规律和趋势。历史研究法的运用，体现在两个方面：一是对世界主要发达国家教师教育机构演变历程进行梳理，分析它们对我国教师教育机构变革的影响和启示，为我国教师教育机构变革寻找他国经验；二是对我国教师教育的发展历程和教师教育组织的演变历程进行分析，为我国师范大学教师教育组织变革寻找历史依据。

3. 调查研究法

调查研究法是在教育理论的指导下，借助调查问卷、访谈提纲和观察量表等工具，在收集信息资料的基础上对教师现象或教育问题作出分析判断并提出建议的研究方法。[①]本书为了解我国师范大学教师教育组织的现状，包括机构设置和运行情况、相关主体对教师教育机构的态度和评价，主要采用问卷调查和访谈调查两种方式收集第一手资料。这两种调查方法的具体运用将在第五章中详细阐述。

① 裴梯娜. 教育研究方法导论. 合肥：安徽教育出版社，1995：158.

第一章　师范大学教师教育组织变革的理论基石

第一节　场域理论框架下的教师教育组织变革

“场域”理论（Field Theory）是法国社会学家布迪厄（P. Bourdieu）社会学理论体系中的重要范畴之一，他运用场域、资本、惯习、利益、权力等概念构建了一个诠释场域的概念体系，为社会学研究提供了强有力的理论工具和研究视角。

布迪厄场域理论的提出，源自他对社会物理学和社会现象学认识社会的方法论的不满和批判。他认为两者对结构和个体行为二元对立的选择不足以认识复杂的社会，他以马克思主义和现象学为工具，试图突破这种非此即彼的两难境地。他认为社会并不是一个和谐统一的整体，而是分化成一个个相对独立自主的场域，每个场域都有自己独特的价值观和调控原则，这些原则构成了一个社会空间，因此，他主张用“场域和社会空间的概念”来揭示“社会”观念的空洞本质，即社会是由各种“场域”构成的，社会科学的研究对象不是整齐划一的社会，而是高度分化的场域。

“场域”是布迪厄社会学理论体系中的核心概念之一，是他的社会学思想得以展开的舞台，也是他社会学思想大厦的基石，只有准确理解了布迪厄的场域概念，才能真正把握他博大精深的反思社会学理论体系。在布迪厄看来，一个场域就是“在各种位置之间存在的客观关系的一个网络（network）或一个构型（configuration）”[①]。场域具有以下特点：第一，场域是存在客观关系的运

---

① 皮埃尔·布迪厄，华康德. 实践与反思：反思社会学导引. 李猛，李康译. 北京：中央编译出版社，1998：133-134.

作空间。场域作为一种客观性的结构存在，不是物理世界中由实体组成的机械结构，而是“被赋予了特定引力的关系构型”。场域类似一个“关系磁场”，场域中存在的特有价值观和调控原则、处于不同空间位置参与者所拥有的资源及长期历史发展中所形成的惯习等因素导致在一定的场域或社会空间中形成“独立于个人意识和个人意志”的客观关系，因此，根据场域概念进行思考就是从关系的角度进行思考。第二，每个场域都有独特的规则。布迪厄指出，每个场域都有各自特有的价值观和调控原则，正是这些独特的价值观和调控原则构建了一个个独特的社会空间，行动者在特定的空间里进行争夺，以此维持或改变着场域的边界，因此可以说，独特的规则是区别不同场域的重要标志。场域创造了规则，并以这些特有的规则划定着场域的界限和维持着场域的运作，每个进入特定场域的参与者应该了解这些规则并追求该场域独特的利益。第三，场域是充满争斗和冲突的空间。布迪厄将场域比喻为一种游戏空间，是一个争夺的空间，空间中的主体为了维持或变更力量的构型而展开争夺。争夺和冲突的存在，使得场域处在不断的变动之中，可以说，关于关系、资本、利益和权力的争夺是场域运作和变迁的动力源。第四，场域是行动者与社会的中介。在布迪厄看来，外在因素通过形塑行动者所在的场域的规则、改变场域的力量进而影响行动者的行为，场域是场域中的行动者与其所处社会环境的中介环节。最后，场域具有历史生成性。场域是行动者主体与社会结构在相互作用的过程中历史地生成的。只有对场域的结构进行共时性的分析和历史分析，才能把握这种结构。

“资本”是布迪厄社会学思想中的又一个核心概念，布迪厄将资本定义为行动者在场域中的社会实践工具。“资本”与“场域”是彼此依存、相互界定的范畴，场域中不同资本的类型决定该场域的特征，“资本”也离不开“场域”，“只有在一个场域的关系中，一种资本才得以存在并且发挥作用”[①]。布迪厄将资本划分为四种形式：经济资本（economic capital）、社会资本（social capital）、文化资本（cultural capital）和符号资本（symbolic capital）。其中，经济资本是指可以直接兑换成货币的资本形式。文化资本是指借助不同的教育行动传递的文化物品，它以身体化的、客观化的和制度化的三种形式存在，是以

① 皮埃尔·布迪厄，华康德. 实践与反思：反思社会学导引. 李猛，李康译. 北京：中央编译出版社，1998：139.

教育资格的形式被制度化的。社会资本是指个体或群体凭借比较稳定、制度化的关系网所积累起来的资源的总和，这种资本以社会联系为纽带。符号资本是经济资本、文化资本和社会资本的聚合，它以某种高贵头衔的形式被制度化。在现实生活中，资本的持有者为了维持自己在社会空间的位置，会将他们持有的资本类型转换为在社会再生产认可的状态中更有利、更合法的资本类型。[①]

“惯习”也是布迪厄场域理论的核心概念之一。惯习的英文词是 habitus，它与习惯（habit）很相似，在翻译和理解时很容易产生歧义。在布迪厄看来，“社会现实是双重存在的，既在事物中，也在心智中；既在场域中，也在惯习中；既在行动者之外，又在行动者之内”[②]。社会惯习是积淀在行动者身上的一套“潜在行为倾向系统”，是以感知、思维和行为图式为形式存储在个体身上的经验，惯习具有稳定性与可变性、群体性与个体性、被建构性与建构性、有意识与无意识共存等一系列一脉相承的特点。[③]作为外在结构内化的结果，惯习以某种大体上连贯一致的系统方式回应场域的要求。

正如高宣扬所言：“布迪厄的任何一个重要概念，并不是各自孤立的，而是在同其他重要概念的相互关系中，呈现其实际意义、反思性及其整体性。”[④]场域、资本和惯习都是布迪厄社会实践理论的核心概念，它们交织在一起，彼此解释，共同构成了一个布迪厄分析社会的概念系统和工具箱。他用一个公式表达了三者的关系，即[（资本）（惯习）]+场域=实践行动，在这个实践模式中，实践行动可以看作资本、惯习与场域的函数，是三者共同作用的结果，资本、惯习在特定的场域中发生作用，也形塑着特定的场域。

布迪厄社会学思想自 20 世纪 70 年代末传入中国以来，已被广泛运用于教育研究的各个学术领域，成为近些年影响中国教育研究的重要西方社会学思想之一。[⑤]将场域理论用作理论工作来分析师范大学的教师教育组织变革问题具有适切性。首先，场域理论的关系思维对于解释教师教育改革中的复杂关系是

① 宫留记. 布迪厄的社会实践理论. 开封：河南大学出版社，2009：111.

② 皮埃尔・布迪厄，华康德. 实践与反思：反思社会学导引. 李猛，李康译. 北京：中央编译出版社，1998：172.

③ 吴洪富. 大学畅游变迁中的教学与科研关系. 华中科技大学博士学位论文，2011.

④ 高宣扬. 布迪厄的社会理论. 上海：同济大学出版社，2004：引言 2.

⑤ 李春影，石中英. 布迪厄社会学思想对中国教育研究的影响：回顾与评论. 比较教育研究，2018（8）：38-47.

有帮助的。场域理论既反对个体主义又反对整体主义，主张从关系的角度思考行动主体与结构的关系，这种思维方式是切合教师教育改革实际的。教师教育改革涉及多个主体：政府、师范大学、综合性大学、师范大学内部的教师学院和学科学院、教师教育者、师范生及其家长等。这些主体因为利益的关系共存于一个或多个场域之中，只有将众多的主体放置于一定的关系框架中才能真正了解教师教育改革的艰难和困境所在。其次，场域理论以冲突论为假设前提也是切合教师教育改革现实的。每一个场域都拥有独特的逻辑和原则，不同的主体有不同的利益诉求，这些利益诉求不是一致的。大多数情况下是零和博弈，以冲突论为前提的场域视角较以功能论为基础的系统论视角对全面把握教育的本质特征具有明显的比较优势，能全面认识教师教育改革中各个关系形态的性质，对探究教师教育改革的内在逻辑具有重要意义。将场域理论贯穿于本书研究的始终，首先从场域变化的角度分析师范大学教师教育组织为什么需要变革，其次结合运用场域理论的三个核心概念分析师范大学教师教育组织变革为什么存在困境，最后从三个核心概念出发提出师范大学教师教育组织变革的策略。

第二节　组织变革理论在教师教育中的应用

组织是一种普遍的社会现象。组织所处的环境是复杂而多变的，组织要生存和发展，就需要随着外部环境的变化而不断变革。随着组织理论的发展和组织变革实践经验的丰富，组织变革理论逐渐形成并完善，成为组织理论的重要内容。Kezar 指出，组织变革研究需要回答三个问题：第一，为什么发生变革？涉及的是变革动力问题。第二，什么是变革？涉及的是变革的内容与结果。第三，变革如何发生？涉及的是变革的过程、阶段等问题。[①]围绕这三个问题，组织变革研究取得了丰富的成果，为研究我国师范大学的教师教育组织变革提供了借鉴。

一、什么是组织变革？

组织变革有广义和狭义之分。美国学者李维特（H. Leavitt）认为组织变革应涵盖结构、人员、任务和技术四个变量。其中，组织结构的变革是指通过工

① 转引自严文斌. 组织的社会建构：一个组织变革的个案研究. 上海大学硕士学位论文，2001.

作结构和职权关系的改变来达到改善绩效的目的；人员的变革是通过改变员工的知识、技能和态度来提高员工的生产力；任务的变革是指组织使命的改变；技术的变革是指组织为实现目标而采用的方法和手段。这四个组织要素相互作用，构成系统，其中任何一个要素的改变，都会引起其他三个要素的变化，从而引发组织变革。

二、组织为什么需要变革?

组织为什么需要变革？不同的组织理论对组织变革的原因给予了不同的理论解释。权变理论是当代组织研究中被广泛接受的理论。劳伦斯（P. R. Lawrence）和洛希（J. W. Lorsch）于 1967 年最先提出了“权变理论”的说法，认为不同的环境对组织的要求不同，内部特征与所处的外部环境相匹配的组织适应性最强。一个组织的结构和职能必须以组织所处的外部或内部的许多环境因素为基础，不存在适合任何环境的最佳组织，需要从实际出发，具体问题具体分析。资源依赖理论产生于 20 世纪 40 年代，20 世纪 70 年代发展成熟并被广泛运用。菲佛和萨兰基克于 1978 年出版的《组织的外部控制：对组织资源依赖的分析》对资源依赖理论进行了系统的阐述。资源依赖理论突出组织对资源的依赖，认为组织自身不能实现资源的自给自足，必须依靠与环境的交换来获取资源[①]，组织与环境是相互依存、相互作用的，但组织并不缺少主动性和能动性。组织可以通过内部结构和过程的调整等自主性行为，努力减少自己在重要资源供应方面对其他组织的依赖程度，并试图影响环境以保障所需要的资源来求得生存和发展。资源依赖理论强调组织间的相互关系，分析组织成员的内部行为需要参考外部组织的行为才能得到合理的解释。制度理论不仅考虑技术环境对组织的影响，而且考虑组织所在制度环境的影响。技术环境是“这样一些环境，在其中组织的一种产品或服务得以生产并在一个市场中进行交换，这样组织因为能对其生产系统进行有效充分的控制而获得回报”[②]。制度环境是“一个组织所处的法律制度、文化期待、社会规范、观念制度等为人们所‘广为接受’的社会事实”[③]。技术环境要求组织有效率，制度环境

① 杰弗里·菲佛，杰勒尔德·R. 萨兰基克. 组织的外部控制：对组织资源依赖的分析. 闫蕊译. 北京：东方出版社，2006：58.

② 鲍威尔，迪马吉奥. 组织分析的新制度主义. 姚伟译.上海：上海人民出版社，2008：133.

③ 周雪光. 组织社会学十讲. 北京：社会科学文献出版社，2003：72.

则要求组织服从“合法性”机制，合法性机制诱导或迫使组织接受制度环境里建构起来的具有合法性的组织结构和行为。组织同时面对技术环境和制度环境的影响，但两种环境的要求常常是不一致的，为此，组织常常构建不同的组织结构来应对矛盾的环境。组织通过设置与外部制度环境要求“同构”的结构来获得合法性和其所需要的资源，但组织结构的变化不一定必然带来效率的提升，有时是以牺牲效率为代价的。正式的组织结构只具有象征意义，对组织内部的实际运作没有任何影响；而组织的实际运作是靠非正式的行为规范来约束人们的行为，组织的正式结构与技术活动存在着某种分离。

三、组织如何变革?

组织变革的过程是组织变革研究的重点。德裔美国心理学家勒温（K. Lewin）认为，组织成员是组织中最重要的因素，组织成员对组织变革的支持或阻碍的态度构成了两股相反的力量——促进变革的推动力和阻碍变革的抑制力。当这两股力量均势时，组织维持现状没有变革发生；当两者中任何一方的力量遭到削弱和被撤销时，平衡被打破，组织变革就会发生。这就是著名的力-场分析论。基于力-场分析论的思想，勒温于 1950 年提出了“解冻（unfreezing）—转变（conversion）—再冻结（refreezing）”三阶段的组织变革理论。解冻阶段的主要任务是通过向组织成员阐述组织的现状、困境以及改革的势在必行，使组织人员理解和认可组织变革的必要性，从而减弱变革的阻力、增强变革的动力；转变阶段的主要任务是实施相应的变革措施，改变与环境不相适应的组织行为；再冻结阶段的主要任务是当组织成员接受新的行为方式之后，通过不断地强化巩固变革成果实现变革的“制度化”。卡斯特和罗森茨韦克将有计划的组织变革过程概括为五个环节：一是感知问题，即承认变革的必要性；二是问题的意义，包括目前的条件、期望的条件；三是解决问题，包括制定备选方案、评价备选方案、选择行动计划、确定改革成效的计量尺度；四是实施改革的行动步骤；五是组织更新，包括组织的反省、批评、跟踪、监督。[①]美国变革管理专家科特（J. P. Kotter）在总结企业组织变革实践基础上，将组织变革划分为八个阶段：①建立危机意识；②组建强有力的领导团

① Kast F E，Rosenzweig J E. Organization and Management：A Systems and Contingency Approach. 3rd edition. London：Mcgraw-Hill，1979：571-577.

队；③开发愿景与战略；④沟通变革愿景；⑤授权员工为愿景而工作；⑥计划短期目标并取得效果；⑦巩固成果并且深化变革；⑧新的方法制度化。组织变革过程的相关成果为有效实施组织变革提供了理论指导。

用组织变革理论来研究我国师范大学教师教育组织的变革问题，是组织变革理论在具体实践领域的运用，能为本研究提供成熟而有效的分析框架。本研究在分析教师教育转型和师范大学综合化时，运用组织变革理论探讨了教师教育和师范大学为什么需要转型，在哪些方面需要转型。组织变革理论与场域理论的综合运用构建了我国师范大学教师教育组织变革的主体分析框架。

第三节　教师教育组织变革的理论支撑

20 世纪 50 年代以来产生的教师教育专业化、教师教育大学化和教师教育一体化等教师教育理论为我国师范大学教师教育组织变革提供了理论指引。

一、教师教育专业化理论

教师教育专业化的理论基础是教师专业化。不管是教师个体的专业化还是教师群体的专业化都需要专业化的教师教育来保障。教师专业化与教师教育专业化是目的与手段的关系。

教师专业化的理念最早由国际组织在 1966 年提出，20 世纪 80 年代被世界各国广泛接受，对世界范围内的教师教育改革与发展产生了重要影响。教师专业化的思想源自对教师职业作为一门专业的认可。这一认识问题涉及职业与专业两个概念的差异以及教师职业的发展历程两个方面。

首先，“职业”（vocation）与“专业”（profession）是既有联系又有区别的两个概念。两者都是社会分工的产物，职业是专业的前身和起点，专业是职业成熟的高级状态。英语中的“专业”（profession）一词是从拉丁语 profilteri 演变而来的，最原始的意思是指声明或者宣誓（professing）的行为与事实，它意味着从业者声称对某些事务具有较他人更多的知识。[①]社会学家卡尔·桑德斯在 1933 年最早从社会分工的角度进行了界定。他认为，“所谓专业，是指一群

---

① 刘思达. 职业自主性与国家干预：西方职业社会学研究述评. 社会学研究，2006（1）：197-221.

人在从事一种需要专门技术的职业，是一种需要特殊智力来培养和完成的职业，其目的在于提供专门性的服务”[①]。后来，许多学者对专业进行了界定，虽然具体表述有差异，但达成了某些共识，比如专业能够满足分工以后的某种社会需要，具有不可或缺的功能，据此从业者能够获得经济回报；从业者必须接受专门的系统的训练，掌握知识和技能，使其不能轻易被他人所替代；从业者具有自主权和伦理道德，维护他的专业地位。职业与专业处于不同的层次，先有职业，职业逐步发展成为专业，但并不是所有的职业最终都能成为专业。最开始人们只是把教师看作社会需要的职业，从业者通过自己的劳动能够获得经济报酬，满足人们求知的需要。

其次，教师职业的角色和性质随着人类社会的进步和教育的发展而不断演进。教师职业与人类社会是相伴而生的。在教育与生产劳动相融合的原始社会，部落的长者和有生活经验的人都可以承担教师职责，向年轻一代传授生产经验和生活经验，“长者为师”“能者为师”是这一时期教师职业的典型特征；在奴隶社会，生产力的发展、剩余产品的出现、体力劳动和脑力劳动的分离，使得专门从事文化教育活动的教师职业的出现成为可能，但此时教育尚未制度化，教学内容简单，教师无需专门的培养，“以僧为师”“以吏为师”是这个时期教师的主要来源；进入封建社会，随着“废官学，兴私学”，出现了“学者为师”“智者为师”的现象。在西方国家文艺复兴的过程中，伴随着世俗学校的兴起，教师职业逐渐分化出来。[②]可以说，在此之前的相当长时间里，人们并不把教师职业视为专业，认为只要有知识、有文化的人都可以成为教师，教师的职业门槛很低，社会地位也较低。后来，社会的发展对人的要求提高、知识积累量的增加、教学活动的复杂性增加，使得人们认识到教师如果没有经过专门的训练，缺乏教育教学的专门技能，会直接影响到教育的质量和效果。因此，许多国家关注教师素质的提高，纷纷成立师范教育机构，建立师范教育制度，以培养专职的中小学教师。1966 年，国际劳工组织和联合国教科文组织在《关于教师地位的建议》中指出，“应把教育工作视为专门的职业”[③]。此后，教师专业的理念得到广泛认同。人们期望教师职业如医生和律师一样，具有较

---

① Carr-saunders A M. The Profession. Oxford：Clarendon Press，1933：3-4.

② 叶青. 教师教育的历史变革与发展趋势. 渭南师范学院学报，2003（1）：79-81+85.

③ 日本筑波大学教育学研究会. 现代教育学基础. 钟启泉译. 上海：上海教育出版社，1986：443.

高的职业标准和社会地位，成为社会不可替代的专业。我国在 1993 年颁布的《中华人民共和国教师法》（简称《教师法》）将教师明确为履行教育教学职责的专业人员，正式确定了教师职业的专业性。

在确认教师职业的专业性基础上，人们提出了教师专业化的问题。但是，关于教师专业化的内涵没有达成共识，而是仁者见仁，智者见智。第一种观点是从教师个体的视角来理解教师专业化。如邓金主编的《培格曼最新国际教师百科全书》认为，“教师专业化是职业专业化的一种类型，是教师个人成为教学专业的成员并且在教学中具有越来越成熟的作用这样一个转变过程”①。教师专业化是一个过程，在这个过程中，教师需要接受专门的教育和培训，掌握专门的知识和技能，养成专业素养，发挥独特的作用。教育部师范教育司原司长马立也持有相同的观点。她认为教师专业化就是教师从“普通人”转变为“专业教育者”的过程。第二种观点从教师职业群体发展的角度界定教师专业化，强调教师群体应该满足独特的职业要求和条件。这种观点主张教师专业化应具备以下条件：教师职业的要求应兼顾学科专业性和教育专业性，包括知识、能力和道德三个方面；教师教育要有专门的机构、内容和措施；教师教育活动的标准和制度。第三种观点整合了前两种视角，将个体专业水平的提升与群体专业地位的获得统一起来。主张教师专业化既包含教师个体的专业化又包含教师群体的专业化，两者相互依存，相互影响。只有实现教师个体专业化才能保障教师群体专业化，教师群体专业化能改善教师个体的生存环境和专业境遇，有利于实现个体专业化。现在，人们从个体的、内在的角度强调教师的专业发展，从群体、外在的角度强调教师的专业化。两者的目标是一致的，实现教师的专业化发展。

教师专业化离不开教师教育的专业化，教师教育专业化则源自受教育者对高质量教育和高素质教育的需求。首先，现代社会分工的日益细化，使得社会对人才和教育的需求也越来越专门化。在此背景下，教师不仅仅是一份普通职业，更是需要专门知识和专门技能的专业性职业，只有专业化的教师才能承担培养具有创新精神和实践能力的高素质专门人才的职责。因此，受教育者的客观需求激发了教师教育的专业化发展。其次，相关理论学科知识的发展为教师

① 邓金. 培格曼最新国际教师百科全书. 教育与科普研究所编译. 北京：学苑出版社，1989：553.

教育专业化奠定了理论基础。教师成为专门职业，教师教育成为一门专业教育，都需要以特定的知识体系为前提。教育学和心理学知识为教师了解教育对象、把握教育规律、提升教师教学水平和提高教学技能提供了必需的知识体系，理论知识的积累为教师教育的专业化发展创造了条件。最后，现代教育的发展为教师教育的专业化发展奠定了现实基础。二战以后，世界各国都从国家战略的高度优先发展教育事业，使教育获得了突飞猛进的发展，教育规模不断扩大，教育水平不断提升。在基础教育对教师的数量需求得到满足以后，提升教师的专业素质才能正式提上议事日程。

教师教育专业化是使非专业教师经过专业化的培养和训练成为专业教师的过程，其目的在于提高教师的知识水平和技能，提升教师的专业素质，提高教师的专业地位，使其成为有专业标准、不能被轻易取代的职业。[①]具体而言，教师教育专业化包括教师职业的专业化和教师培养的专业化两个方面的内容，前者主要是指教师由普通职业发展成为专门职业，这是教师教育专业化的目的和归宿。后者主要是指从教师培养过程的角度保障教师职业专业化的实现，具体要求可能包括建立专业的机构，传授专门的知识，进行规范的专业训练，加强教师科研能力培养，确立教师资格证书制度，构建教师质量认可机制等，以实现教师培养的专门化和规范化。前者是目标，后者是实现目标的手段。但是，当前教师教育实践过程中存在着重视教师职业的专业化目标、忽略教师培养过程的专业化的问题，导致专业化教师培养目标的实现难以令人满意。如何实现教师教育专业化，还需要更深入更全面的研究和探索。

二、教师教育大学化理论

“教师教育大学化”是在 1991 年召开的以“大学在教师教育和培训中发挥着越来越基础的作用”为主题的专门会议上提出来的[②]，充分发挥大学在教师培养中的重要作用是教师教育大学化的核心主张。

教师教育大学化的提出与传统教师教育模式面临的困境有关。社会生产力的发展、科学技术的进步以及知识更新的加快对学校教育和教师素质提出了较

① 刘湘溶. 简析教师专业化与教师教育专业化. 中国高教研究，2004（7）：22-25.

② Judge H G. Teacher education and the universities. European Journal of Teacher Education.，1991，14（3）：257-267.

高的要求，教师不仅要具有丰富的教育教学知识和娴熟的技能，而且要具备广博的科学文化知识和精深的学科知识。传统师范教育体系存在着“学习时间有限、理论与实践脱节、教学方法陈旧、教学内容浮浅”[①]等问题，无法满足上述需求，导致传统的师范教育模式和师范院校受到越来越多的责难，而一些可供选择的机构尤其是大学越来越受青睐。与独立的师范学校和师范学院相比，大学学科门类齐全，能为教师培养提供多学科的文化环境，使教师培养过程更具系统性；大学雄厚的研究实力和丰富的课程体系，能为教师专业发展提供所需的知识、技能、素养和信念等要素，促进教师个体获得更好的发展。大学所具有的这些优势，使得人们相信大学化可以培养出质量更高、更加专业的教师。大学不是教师教育中的唯一机构，它需要与专门学校实现联合，但它是教师培养的首要机构，有着非常重要的作用。世界著名的比较教育学家阿尔特巴赫认为，在大学中进行教师培养，有两方面的积极影响，一是有利于教师的培养培训实现专业化，二是可以提高教育和教育者的声望。[②]美国教育咨询委员会组建的教师教育大学校长特别工作组在有关大学参与教师教育的行动方案中强调，高等院校开展教师教育非常必要而且迫切。大学不能把教师教育视为边缘计划，而应该将其置于学校的中心地位。高校领导者必须看清高校在教师教育中的地位和角色，将教师教育纳入学校发展的战略，将教师教育与学校发展联系起来。和肯定与鼓励大学参与教师教育声音同时出现的还有强烈的反对教师教育大学化的声音。反对的理由是大学教育学院教师培养的效果难以令人满意，不能有效满足中小学的需求，大学中的学术和研究抑制了教育学院的活动，导致大学教育学院主要是从事教育研究而不是教师培养，出现了功能偏差。[③]海博曼论述了大学不适宜于承担教师教育职能的 23 条理由。[④]关于教师教育大学化两种截然不同的声音表明，大学既有提升和发展教师教育的内在优势和可能性，也应该正视其存在的不足[⑤]，需要客观分析大学组织属性与教师

---

① Darling-Hammond L. The case for university-based teacher education. In Robert A. Roth （Ed.）. The Role of the University in the Preparation of Teachers. Taylor &Francis：Falmer Press，1999：13-30.

② P. 阿尔特巴赫. 教师教育的发展问题：国际视野中的香港. 比较教育研究，1996（6）：60-61.

③ 郄海霞. 西方“教师教育大学化”研究述评. 外国教育研究，2004（2）：41-47.

④ Haberman M. Twenty-three reasons universities can’t educate teachers. Journal of Teacher Education，1971，22（2）：133-140.

⑤ 闫建璋. 师范大学教育学院发展转型研究. 北京：中国文史出版社，2014：13.

教育之间的关系，充分利用其优势，规避其劣势，方能真正通过教师教育的大学化提升和发展教师教育。

美国于20世纪中期开始实行教师教育大学化，主要路径有四种：师范学校转型为师范学院再转型为大学的教育学院、大学设立讲座制到成立教育系再发展成为大学的教育学院、大学为发展教师教育新建教育学院、在文理学院中设立教育系。德国在建立新大学的同时将教师教育学院并入大学。瑞典实现教师教育大学化的时间和路径与德国大致相仿。挪威是在1974年开始教师教育大学化的。我国教师教育大学化始于20世纪90年代初，主要通过两种途径：一是师范院校与其他高校合并进入综合性大学成为其中的一个学院或综合性大学新设开展教师教育的教育学院；二是师范院校在不脱掉“师范”帽子的前提下实现综合化转型，提升教师教育的层次与水平。

教师教育大学化的核心思想是“将教师教育纳入到大学机构中，充分利用大学的各种资源，调和教师教育中存在的学术性与教学专业性的矛盾，以实现培养专业化教师的目标”[①]。这对教师教育提出了新要求。首先，在教育理念上主张教师教育开放化。独立封闭的师范教育使学生有明确的教师职业定向，有助于培养学生坚定的从教信念和深厚的教育情怀，但师范学院面向中小学所形成的相对单一的学科文化和相对较低的专业水平在一定程度上会制约教师的专业发展。教师教育大学化坚持开放竞争的教育理念，打破独立封闭的师范教育体系，充分利用大学、中小学等教师教育资源，多元化培养师范生，以适应知识经济社会对创新人才的要求。其次，在组织机构上实现大学教育学院化。教师培养是师范院校的唯一任务，而大学不只培养教师，还培养社会政治经济发展所需的多样化人才，教师教育只是大学的众多任务之一，教师教育作为一种专业教育形态而不是学校教育形态存在于大学场域之中。这就要求以前没有设置教师教育机构的大学建立教育学院，而原本设有的教育学院需要实现功能转型。教师教育大学化转型的关键不是教师教育机构的大学化，而是要明确大学发展教师教育的责任主体，建立负责教师教育的专业学院，确立教师教育在大学中的专业教育地位。[②]最后，在培养模式上实现学科专业教育与教育专业教育分离的模式。教师专业与其他专业相比最大的不同在于其具有的双专业

---

① 高成，刘义兵. 教师教育大学化的特征及当代旨归. 现代教育管理，2014（1）：98-101.

② 侯小兵，张继华. 师范院校缘何要成立教师教育学院. 当代教师教育，2013（2）：22-27.

性，教师不仅要掌握所教学科的知识（即教什么的知识），而且要掌握教育教学的相关知识和技能（即怎么教的知识）。传统的师范教育实施的“混合式人才培养模式”，即学生在师范院校同时接受学科专业教育和教育专业教育，虽然这种方式在短期内培养了大批教师并满足了基础教育对教师数量的需求，但学生在校期间学习时间很有限，两者同时进行可能导致厚此薄彼，出现学术性与师范性的对立。专业化是分工意义上的“专门化”。教师教育大学化的目标是教师教育专业化，必然要求实现学科专业教育和教育专业教育的分离，这样基础学科学院专注于学生的学科专业教育，增强学术性，而教育专业学院专注于对学生实施教育专业教育，凸显师范性，真正实现专业化教师的人才培养目标。

三、教师教育一体化理论

关于教师教育一体化的定义，被广泛认可和引用的是上海市师范教育一体化课题组的界定：“所谓一体化教师教育，即是为了适应学习化社会的需要，以终身教育思想为指导，根据教师专业发展的理论，对教师职前、入职和在职教育进行全程的规划设计，建立起教师教育各个阶段相互衔接的，既各有侧重，又有内在联系的教师教育体系。”①这种界定包含教师教育一体化的社会背景、指导思想、理论基础和现实要求，比较全面完整。但学者对教师教育一体化的内涵和外延的理解仍有分歧。《教师专业化的理论与实践》一书认为教师教育一体化强调三个方面的一体化：一是从过程上看，职前培养、入职教育和职后提高的一体化；二是从对象上看，幼儿园、小学和中学阶段教师教育的一体化；三是从性质上看，理论培养和实践训练一体化。刘敏则提出教师教育一体化包括教师职前培养、入职教育和在职培训的一体化，教育机构和管理体制的一体化，教育内容、教学方法的一体化三个方面。②不管学者对教师教育一体化的内涵和外延如何概括和归纳，他们提出教师教育一体化的初衷和出发点都是相同的，为教师构建终身教育体系，促进教师的终身学习和专业的可持续发展。③

① 上海市师范教育一体化课题组. 上海市教师教育一体化的战略思考. 高等师范教育研究，1998（5）：3-7.

② 刘敏. 教师教育一体化的内涵及推进措施. 教学与管理，2012（5）：55-56.

③ 肖瑶，陈时见. 教师教育一体化的内涵与实现路径. 教育研究，2013（8）：149-152.

教师教育一体化的提出，与终身教育思想的传播和教师专业发展理论的影响有关。终身教育思想改变了人们对教育与工作的关系的看法，之前人们将人的一生划分为在校接受教育和在岗位参加工作两个阶段，泾渭分明，人们所接受的是一次性教育，教育是为将来的工作做准备。工业革命提高了技术在劳动中的作用，也提升了教育对于个人发展的价值，同时，知识和技术更新速度加快，接受一次教育应付工作需要的日子一去不复返，为应对工作中的新技术和新要求，人们需要在结束学校教育之后再接受教育。法国教育家保罗•朗格朗提出了终身教育的思想，强调教育应该贯穿人的一生，且包含多种教育形式。终身教育思想相比以往的教育，既纵向延伸了教育的阶段，又横向拓展了教育的范围。正是因为终身教育思想符合时代和社会发展对人的需要，该思想一经提出就被广泛传播，成为影响世界教育改革与发展的教育思潮，对世界范围内的教师教育改革也产生了广泛而深远的影响。在教师教育领域，要实现教师的终身教育，必然要求将教师的职前培养和职后培训结合起来。同时，关于教师专业发展阶段的研究也加深了人们对教师职业特殊性的认识。富勒（F. Fuller）提出的教师关注阶段论、伯顿（P. Burden）提出的教师发展阶段论、费斯勒（R. Fessler）提出的教师职业周期动态模式、利思伍德（K. Leithwood）提出的心理发展阶段论、莱赛（C. Lecey）提出的教师社会化发展阶段论以及贝尔（B. Bell）和格里布里特（J. Gillbrert）提出的综合阶段论从不同的视角将教师的专业发展划分为若干个不同的阶段，但异中有同，均强调教师的专业发展是分阶段的，这些阶段之间紧密相连，是一个连续的过程。在不同的发展阶段，教师的专业发展有不同的任务和重点，教师的培养需要依据教师专业发展阶段的差异性开展针对性的教育和培训，每一个阶段都不可或缺，这就要求教师培养和培训关注教师发展的全过程，将职前培养和职后培训有机衔接和整合。我国教师教育长期以来存在重职前培养轻职后培训的问题，师范院校主要开展职前培养，注重对师范生进行教育理论知识的传授，教育实践技能培养稍显薄弱，而教育学院或教师进修学校主要针对在职教师进行学历提升和教育理念更新及教育理论知识的完善，同样属于技能训练，而教师职业技能的提升主要是在岗训练或反思，职前培养与职后培训脱节，内容重复交叉，严重影响教师质量的提升。教师教育一体化就是针对这些问题而提出的改革构想。

教师教育一体化的目的在于打破教师职前培养与职后培训割裂的状况，统筹规划教师的培养培训活动，这就需要改变原有的资源配置方式，打破机构之间的隔阂与壁垒，改变机构各自为政、教育内容重叠交叉、资源配置不合理的现状，确定一体化的培养目标，设置一体化的课程体系，建立一体化的体制机制。

第一，教师教育培养目标一体化。培养目标是宏观教育目的在各级各类学校的具体化，是各级各类学校对人才培养的特殊要求。教师教育的培养目标是指教师教育培养机构对所要培养教师的质量规格要求，主要是回答培养什么样的教师。培养目标的确定既需要依据国家的教育方针和教育目的，更需要考虑社会发展的现实需要。我国教师教育在数量需求得到满足以后，重点是提高教师质量，需要对教师的专业发展进行系统规划和整体设计，使教师职前培养和职后培训两个阶段各有侧重，相互衔接。职前培养阶段的主要目标是为学生从教奠定知识、技能和情感基础，使学生获得教师职业所需的基本知识、基本技能、情感和态度；职后培训阶段的主要目标是结合真实的教学情境，将职前培养所掌握的理论知识在实践中运用，转化为实际的专业技能，提升专业素养。

第二，教师教育课程体系一体化。课程被喻为学校教育的心脏，培养专业化的教师离不开支撑教育专业化发展的课程体系。应充分考虑教师的双专业性，学科专业和教育专业同步强化，有机整合。师范教育的“学术性”与“师范性”矛盾在课程结构中体现得尤为明显，因为学生在校学习的课时数是一定的，加强学术性，增加基础学科专业课程，有利于夯实学科基础，但会影响教育专业课程的学习和训练；同样，强化教育专业课程，又可能影响学科课程的学习。这些问题的存在导致教师教育的课程缺乏整合，不能有效地促进教师专业成长。“‘加强衔接，促进沟通’应是课程一体化的核心”[①]。

第三，教师教育组织机构一体化。组织机构是教师教育的实施主体。长期以来，我国教师教育中的职前培养和职后培训是由不同机构承担的，师范院校负责教师职前培养，主要是师范生的培养；地方的教育学院和教师进修学校负责教师的职后培训，主要是学历提升和继续教育，两者之间自成体系、各自为政、缺乏整合，导致教师培养与培训脱离中小学实际，缺乏针对性和实用性，存在“水平倒挂”现象。20 世纪 90 年代以来，部分教育学院和教师进修学院

① 刘文锴. 构建教师教育一体化模式. 中国教育报，2010-02-22（3）.

与师范院校合并，部分教育学院更名成为师范院校，主要转向全日制学生的培养，仍承担教师职后培训的任务，教师职前培养和职后培训虽然都进入师范院校，但两者在师范院校内部分属不同的部门和机构，并没有实现实质性的一体化。“一体化并非简单的合并，必须经过内部结构调整和资源的重组，整合为一体”。[①]就教师教育机构的优化整合而言，首先要调动参与教师培养和培训的所有组织机构，包括师范院校、教育学院和教师进修学院，理顺教师教育管理体制，对机构进行合理规划，统筹管理，优化资源配置；其次，要整合师范院校内部的教师教育资源，实现教师教育的统筹规划和协调，优化教师教育资源配置，实现利用效率的最大化。

第四，教师教育资源配置一体化。资源配置合理与否会影响教师教育的质量和效益。计划经济时代所形成的条块分割的教师教育体系使教师教育机构之间缺乏沟通，导致教师教育资源利用效率不高。主要表现为重视对职前教育机构的投入，忽视对职后培训机构的投入，导致教育学院和教师进修学校的硬件设施、师资队伍、教学和管理水平与师范院校有较大差距，这也是人们常常批评职前培养与职后培训出现“水平倒挂”的重要原因。一体化的资源配置应对师范院校、教育学院和教师进修学院进行整体规划和统筹管理，形成教师教育资源的统一管理网络。与此同时，应充分利用现代信息技术和网络优势，加强教师职前职后课程资源的共享，避免资源的浪费和闲置，实现教师教育资源利用效率的最大化。

教师教育专业化理论、教师教育大学化理论和教师教育一体化理论是有关教师教育发展的本源性理论，阐释了教师教育组织变革应追求的目标和遵循的逻辑。教师教育组织变革是服务于教师教育质量提升的，理应遵循教师教育发展的基本规律，否则，教师教育组织变革将是难以奏效的。

① 谢安邦. 高等师范教育研究：教师教育理论与实践. 青岛：中国海洋大学出版社，2009：68.

第二章　师范大学教师教育组织变革的历史脉络

事物的发展是一个历史的过程。教师教育有其发展的历史，教师教育组织机构的发展与演变也有其历史。英国史学家卡尔（E. H. Carr）指出，使人理解过去和使人把握现在是历史的双重功能。[①]本章从历史的视角对教师教育的变革和教师教育组织机构的演变历程进行分析，以期更好地把握教师教育组织机构的过去、现在和未来。首先，对主要发达国家教师教育组织机构的演变历程进行系统梳理，为我国教师教育机构变革提供他国经验；其次对我国教师教育的发展历程进行分析，为分析现实的教师教育组织机构提供历史参照；最后，对本章主要内容进行概括和总结。

第一节　全球视野下的教师教育组织变革启示

自从有了人类社会，就产生了教育活动和教师职业，但设置专门机构有规模培养教师的教师教育则是近代社会学校教育发展的结果。拉伯瑞认为，教师教育的合法性在很大程度上来自大规模学校教育对教师的需求。[②]在社会生产力水平低下的古代社会，学校教育是一种稀缺资源，只有少数统治阶级及其子女有条件进入学校接受教育，这时的学校规模较小，主要目标是培养统治者，教学水平低，教师主要由年长者、有知识者和道德高尚者兼任。此时的教师还

① E. H. 卡尔. 历史是什么？ 陈恒译. 北京：商务印书馆，2012：146.

② Labaree D F. An uneasy relationship：The history of teacher education in the university. In Cochran-Smith M，Feiman-Nemser S，McIntyre J（Eds.），Handbook of Research on Teacher Education：Enduring Issues in Changing Contexts. 3rd edition. Washington DC：Association of Teacher Educators，2008：290-306.

不是一种专门职业，教学缺乏统一的标准，教师主要是自然成长而缺乏专门的培养和训练。到了近代社会，随着社会生产力的发展，生产技术进步对劳动者的要求大幅度提高，劳动者需要进入学校接受基本的知识和技能训练，资产阶级从巩固资本主义生产方式与缓和阶级矛盾的需要出发，大力发展学校教育，建立公共教育制度。

义务教育的普及和初等学校的大规模发展，不仅需要大批量的教师，而且需要教师具备一定的知识、教学技能和管理才能，这就产生了对教师进行专门培训的需要，一些国家和地区开始成立师资培训学校等机构开展教师教育。19世纪英国创立了“贝尔-兰喀斯特制”（Bell-Lancaster System），又称为“导生制”，主要选择年长的学生担任教师，这是英国早期应对教师匮乏问题而采取的权宜之计。后来，英国的凯-沙特尔沃思（J. P. Kayshutleworth）在“导生制”的基础上创立了“教生制”（Pupil-Teacher System），“教生制”相比“导生制”更为正规，但教师培养的质量仍难以保证，人们主张用一种更好的教师培养方式来满足师资需求。1681 年，法国“基督教兄弟会”神甫拉萨尔（La Salle）在兰斯（Rheims）创立了第一所师范培训学校，被视为人类师范教育的开端。1695 年，德国弗兰克（A. H. Francke）在哈勒（Halle）也开办了师资培训学校。这些师资培训学校的学制为三年，招收小学毕业生，采用“学徒制”的教学方式使学生获得教学的感性认识和积累一定的教学经验。这些师资训练机构，是师范教育机构的雏形：在程度上，只相当于初级职业教育；在设置上，一般附设在其他教育机构内；教师培养数量和规模较小，对教师的培养更是缺乏必要的系统性；作为教会教育的组成部分，处在教会的严格控制之中。①18世纪下半叶，随着工业革命的发生，资本主义国家普遍实施义务教育，初等教育规模的扩大使得教师数量的需求急剧增加，欧美各国相继建立师范学校以满足师资需求。可以说，西方教师教育机构是在西方社会进入近代以后伴随着公共教育的发展而出现的。

社会经济、政治生活的变化提高了对公民的素质要求，使得公共教育尤其是初等教育的发展需求增加，教师数量和素质的双重需求对师资培养的机构——教师教育组织提出了挑战，需要转型以适应挑战。各国的社会发展进程

① 荀渊. 国外师范教育层次结构的变革及其启示. 高等师范教育研究，2000（5）：71-75.

不同、文化传统不同、教育发展水平和模式不同，导致各自的教师培养体系和教师培养机构有其特殊性。本章在分析世界教师教育组织机构演变历程时，首先介绍美国、英国、法国等发达国家的教师教育机构演变的过程，再归纳教师教育机构转型的共性特征。

一、主要发达国家教师教育组织机构的演变

（一）美国

美国师范教育机构的形成开始于19世纪20年代，此时，美国已经通过独立战争走上了资本主义道路，资本主义经济的高度发展为教育的发展奠定了物质基础。人口的快速增长、工业革命以及劳工运动刺激了对公共教育的需求。国内民主运动的发展、公立学校运动以及义务教育的实施，使得公立学校对合格师资的需求提上政府的议事日程。美国开始向欧洲一些国家，尤其是普鲁士学习，通过开办教师培训班或师范院校等师资训练机构来培养初等教育所需的合格师资。1823年，美国教士霍尔（S. R. Hall）在佛蒙特州康考德市开办了第一所私立师范学校，用来培养初等学校教师。1827年，美国教育学者卡特（J. Carte）创立了私立中等师范学校。1939年，在被称为“美国公立学校之父”的贺拉斯·曼（Horance Mann）的倡导和支持下，马萨诸塞州建立了美国第一所州立师范学校。贺拉斯·曼把教师训练视为改善公立学校的一个重要的手段，他主张“没有师范学校，公立学校绝不会繁荣。需要补充足够的有能力的教师但没有师范学校，正如我们希望穿外衣但没有裁缝、希望戴帽子但没有制帽子的人、希望戴手表但没有制造钟表的人、希望住房子但没有木匠或泥瓦匠一样”[①]。在马萨诸塞州的影响下，美国兴起了举办州立师范学校的高潮。据统计，到19世纪末，全国已有师范学校345所，其中公立师范学校167所，私立师范学校178所。[②]师范学校培养了一大批经过专门训练的教师，促进了美国普及教育的发展，提升了学校教育质量。

20世纪初期，随着美国社会现代化进程的加快，公民的素质提升和技能训

---

① 转引自单中惠，王晓宇，王凤玉，等. 西方师范教育机构转型：以美国、英国、日本为例. 济南：山东教育出版社，2012：1-2.

② 顾明远，梁忠义. 世界教育大系·教师教育. 长春：吉林教育出版社，2000：25.

练等成为突出的社会问题，教育的发展和质量提高问题得到重视。一些州的中学被纳入公共教育范畴，美国开始普及中学教育，这时师资质量的问题开始凸显，过去由师范学校招收中学毕业生培养的教师导致小学教育质量不高，不能适应教育发展的需要。无论是在学历层次上还是在知识素养上，师范学校都难以适应中等教育普及化的发展要求。如何提高师资培养的质量规格成为制约美国教育发展的关键问题。学者建议把师范学校办成师范院校，向学生授予学位，在高等教育层次培养师资。1882 年，亚拉巴马州师范学校率先转变为师范学院。1908 年，教育专业团体——国家教育协会敦促各州的师范学校向师范学院过渡。与此同时，学生和家长认为师范学校档次低，社会声望不高，也希望师范学校升格为师范学院。美国的师范学校为满足社会进步和教育发展对高素质教师的要求，应对市场的压力，开始提高学生的入学标准，从招收初中毕业生提高到招收高中毕业生；为适应技术变革对应用型人才的需求，不断拓展课程范围，在传统课程的基础上增加适应社会需求的实用性课程，将学制延长到 4 年，有的甚至延长到 5 年，以提升毕业生的知识素养和教学能力，部分师范学校开始向师范学院转型，以此获得学士乃至硕士培养权，这一转变过程获得了政府和民众的广泛支持。1920—1933 年，美国师范学校的数量减少了 104 所，而师范学院的数量则增加了 100 所。[①]师范学校转型发展成为师范学院，不仅提高了学校自身的层次和地位，而且提升了教师培养的质量，促进了美国教育尤其是基础教育的发展，为美国后来社会经济的高速发展提供了人才储备。

二战后，第三次科技革命带来美国社会生活的变迁，知识的重要性得到充分的重视，人们的高等教育需求得到充分的激发，教师的培养存在着“数量增长”与“质量提高”的矛盾。在此背景下，美国教师教育机构开始了从师范学院到综合性大学的转型。从 20 世纪 30 年代开始，师范学院陆续向多学科的文理学院和综合性大学转变，原有的师范学院成为新成立的文理学院或综合性大学中的一个部门，仍然保留原有的教师培养职能。只不过，转型后的文理学院或综合性大学的功能得到拓展，不仅培养教师，而且培养其他领域专门人才。一些综合性大学通过设置教育学院或教育系的方式参与教师培养。早在 1890

---

① Shimahara N K. Teacher Education in Industrialized Nations：Issues in Changing Social Contexts. New York and London: Garland Pulishing，1995：62.

年，纽约大学率先成立教育学院培养师资。哈佛大学在1920年设置教育研究生院。到1970年，全国专门培养教师的院校只剩下16所。[①]综合大学成为师资培养的主体，美国教师教育进入全面大学化时期[②]，这标志着美国师范教师时代的结束和现代教师教育体系的确立[③]。美国教师培养在20世纪以来的发展历史，就是从师范学校到师范学院再到州立大学的组织变迁过程[④]，这反映了二战以后世界教师教育的大趋势。表2-1所展示的马萨诸塞州历史上的师范学校及名称演变有代表性地反映了美国教师教育机构转型的大致历程。

表2-1 马萨诸塞州历史上的师范学校及名称演变[⑤]

开办年份	地点	名称变化
1839	韦斯特菲尔德（Westifield）	韦斯特菲尔德州立师范学校位于巴雷（Barre），其中1841—1844年关闭；1932年更名为韦斯特菲尔德州立教师学院；1968年再度更名为韦斯特菲尔德州立学院；2010年更为现名韦斯特菲尔德州立大学
1839	弗雷明汉（Framingham）	弗雷明汉州立师范学校位于列克星敦（Lexington），其中1844—1853年迁至西牛顿（West Newton）；1932年更名为弗雷明汉州立教师学院；1960年改为弗雷明汉州立学院；2010年更为现名弗雷明汉州立大学
1840	布里奇沃特（Bridgewater）	布里奇沃特州立师范学校；1932年更名为布里奇沃特州立教师学院；1962年改为布里奇沃特州立学院；2010年更名为布里奇沃特州立大学
1854	塞伦（Salem）	塞伦州立师范学校；1932年更名为塞伦州立教师学院；1960年改为塞伦州立学院；2010年更名为塞伦州立大学
1873	波士顿（Boston）	马萨诸塞师范艺术学校；现名为马萨诸塞艺术学院
1874	伍斯特（Worcester）	伍斯特州立师范学校；1932年更名为伍斯特州立教师学院；1963年更名为伍斯特州立学院；2010年更为现名伍斯特州立大学
1895	菲奇堡（Fitchburg）	菲奇堡州立师范学校；1933年更名为菲奇堡州立教师学院；1962年改名为菲奇堡州立学院；2010年再度改名为菲奇堡州立大学
1897	海恩尼斯（Hyannis）	海恩尼斯州立师范学校（1897—1932年）；海恩尼斯教师学院（1932—1944年），1944年关闭
1897	洛厄尔（Lowell）	洛厄尔州立师范学校；洛厄尔州立学院（1932年）；洛厄尔大学（1973年）；马萨诸塞洛厄尔大学（1991年）
1897	北亚丹斯（North Adams）	北亚丹斯州立师范学校；北亚丹斯州立教师学院（1932年）；北亚丹斯州立学院（1968年）；马萨诸塞文理学院（1997年）

（二）英国

英国是世界上最早有组织开展师资培训的国家。18世纪60年代，英国兴起第一次工业革命，不仅促进了英国经济、政治和文化的发展，而且促进了初

① 苏真. 比较师范教育. 北京：北京师范大学出版社，1991：27.

② 周钧，朱旭东. 美国教师教育大学化形成的路径研究. 高等教育研究，2005（12）：57-63+68.

③ 祝怀新. 封闭与开放：教师教育政策研究. 杭州：浙江教育出版社，2007：43.

④ Johnson W R. Teachers and teacher training in the twenieth century. In D. Warren （ed），American Teachers：History of a Profession at Work. New York：Macmillan Publishing Company，1989：243.

⑤ 陈瑶. 美国教育学科构建的开端. 杭州：浙江教育出版社，2015：162-163.

等教育的较快发展。工业革命中新技术的广泛运用，迫切需要劳动者掌握一定的知识和技能。初等教育的快速发展使得师资的需求激增，有组织的师资培训成为一种必然选择。

19 世纪初，英国国教会的牧师贝尔（A. Bell）和公谊会教徒兰喀斯特（J. Lancaster）首创“导生制”，让教师先教一些成绩好、年龄稍大的学生，然后让这些学生再教导其他的学生，这些学生成为当时英国初等教育师资的主要来源。但这种方式只是权宜之计，不能从根本上解决师资培养的问题。1840 年，英国枢密院教育委员会主席凯-沙特尔沃思（J. P. Kay-Shutleworth）以个人名义创办了巴特西教师学院（Battesea College for Teachers），这标志着英国有组织的私立教师培训机构的开端。[①]在该校的影响下，各地纷纷效仿，到 1850 年，私立教师培训学校达 30 多所。此时，政府并未参与师范教育机构的运作与管理，英国的师范教育尚未被纳入学校教育体系之中。《1902 年教育法》颁布，地方政府有权单独设立教师培训学院，拉开了公立教师教育制度的序幕。1904 年，赫里福德郡成立了英国第一所地方教育当局参与建立的训练学院，到 1914 年，地方教育当局建立了 22 所公立的训练学院。至此，英国基本形成了由大学训练学院、地方公立训练学院和私立训练学院组成的较为完整的师范教育体系。

二战以后，英国的国际地位开始下降，英国为了保持国际竞争力，着手进行教育改革。1942 年，英国教育委员会任命利物浦大学校长 A.麦克奈尔领导一个委员会，开展教师教育的调查研究工作。1944 年 5 月，麦克奈尔委员会发布调查报告，认为英国的教师教育体制必须改革，建议成立“地区师资培训组织”协调各地师范教育工作。到 20 世纪 60 年代，英格兰和威尔士已建立 23 个地区师资培训组织。这些机构同时具备师资的培训、组织和管理等多项职能，负责协调本地区的教师培养培训工作，加强了大学与教育学院的联系，为教师教育进入大学奠定了基础。

20 世纪 60 年代初期，英国师资数量不足的矛盾基本得到解决，教师质量的问题被提上议事日程。1963 年《罗宾斯报告》发布，建议将地方教师训练学院改为教育学院，开设 4 年制师资培训课程，将教育学院的部分权力转入大

---

① 单中惠，王晓宇，王凤玉，等. 西方师范教育机构转型：以美国、英国、日本为例. 济南：山东教育出版社，2012：17.

学。1972 年 2 月，以詹姆斯为主席的调查委员会发布《师范教育报告》，将师资培训划分为职前培养、在岗训练和职后进修三个阶段，并建议撤销地区师资训练组织，由“全国学位授权委员会”承担地区师资训练组织原有的职能。《1988 年教育改革法》和以提高教育质量为主旨的教育改革政策推动英国教师培训机构趋于多元化，不存在独立的专门教师培养机构，开放化的教师教育体系初步形成。

（三）法国

法国的师范教育制度是在 19 世纪初创立的。1794 年，巴黎高等师范学校的前身——巴黎师范学校在巴黎建立，1810 年，第一所初等师范学校在斯特拉斯堡建立。1833 年，法国颁布了由教育部部长基佐（F. P. G. Guizot）主持制定的《大力发展初等教育和师范教育的法案》，又称《基佐法案》，对小学教师提出了明确的职业标准，要求小学教师必须经过专门的职业培训，通过相关的考试获得证书才能从教，并由各省设立一所男子师范学校。《基佐法案》的颁布使法国的教师教育进入一个新的历史时期，师范学校大量涌现，仅 1833 年就新设立师范学校 30 所，1838 年发展到 75 所。1878 年通过的《贝尔法案》规定每省要在 4 年内建立一所女子师范学校。到 1879 年，法国有男子师范学校 79 所，女子师范学校 19 所。到 1905 年，法国已有师范学校 169 所。[①]

第二次世界大战以后，传统的师范学校已不适应法国的政治、经济、科技和教育发展的需要。1968 年，法国开始对师范学校进行改革，具体举措包括提高生源标准，招收高中毕业生；延长师范学校的学制年限；开展职业培训，师范学校由实施普通教育为主的中等教育机构转变为主要实施职业培训的中学后教育机构。1979 年，法国再次改革教师教育，要求各省设立一所师范学校，在大学中培养教师，使教师具备高等教育学历和接近大学层次的学术水平。从 1990 年开始，综合大学里的教师培训学院取代师范院校，为中小学培养教师，法国现代教师教育体系基本形成。

二、主要发达国家教师教育组织机构的演变对我国的启示

纵观主要发达国家教师教育机构转型的历程，虽然其转型的时间节点、阶

① 顾明远，梁忠义. 世界教育大系·教师教育. 长春：吉林教育出版社，2000：37.

段特征和路径选择不尽相同，但仍有一些共性特征，可能蕴含教师教育发展的内在规律，对我国教师教育的改革和教师教育组织的变革具有启示意义。

第一，伴随着教师教育的发展，教师教育组织机构的类型趋向多样化，且层次不断提升。发达国家的教师教育机构大都经历了两次转型：第一次是19世纪末20世纪初，由师范学校向师范学院（教师学院）转型；第二次是20世纪中叶，由师范学院（教师学院）向综合大学教育学院转型。师范学校的出现使得师资养成方式发生了根本性改变，从过去主要依靠教师个人自发的学习、观察、模仿和感悟的成长方式向专门学校机构有组织培养的方式转变。同时，师范学校的出现也改变了教师培养的内容、提升了教师培养的标准和水平，为教学职业的专门化创造了条件，促进了教育质量的提升。这时的师范学校主要具有以下特点：一是师范学校的性质明确，任务单一，就是培养师资；二是师范学校办学层次低，主要为小学培养师资，这是由当时的社会生产力水平和技术需要决定的；三是师范学校的主要教学内容是教学技术，通过教师"示范"训练，使学生在短期内掌握教学的技术和方法，以胜任初等教育的需要。"18世纪的'师范学校'旨在培养教师的教学法：学校让教学经验丰富的小学教师做示范教学；对学生传授一些类似配方禁忌的教学常规，然后让他们上堂实习和模仿。"[①]师范学院（教师学院）时期，教师教育机构的特点主要有：一是师范学院成为主要的教师教育机构，同时还存在少量师范学校，即这个时期的教师教育机构包含中等教育的师范学校和高等教育的师范学院两个层次；二是教师教育机构的主要任务是满足普及教育对师资的需求。综合大学教育学院时期，教师教育机构的显著特点是：其一，中等层次的教师教育机构基本消亡，教师教育进入高等教育体系，基本实现了教师教育大学化；其二，独立的师范学院被淘汰，或被合并，成为综合大学的一部分，基本形成开放的教师教育体系。发达国家教师教育机构转型体现出层次提升和追求质量的诉求。

第二，教师教育组织机构的变革是内外部因素共同作用的结果。组织变革是组织适应内外部环境变化而提高生存与发展应变能力的机制和策略。[②]组织变革是多种因素综合作用的结果，其根本动因可分为外部动因和内部动因两方面。发达国家教师教育机构转型的原因也是如此。

---

① 胡森. 国际教育百科全书（第九卷）. 熊寅谷，等编译. 贵阳：贵州教育出版社，1990：17.

② 孙彤. 组织行为学教程. 北京：高等教育出版社，1990：376.

外部动因主要是指社会经济政治人口等变动对教育尤其是教师需求产生的影响。英国教育学者波特（J. Porter）在分析英国师范教育变化时指出，“经济危机、人口、出生率下降、对高等教育需求的减弱以及整个大环境对师范教育机构的不满等是导致师范教育机构变化的重要因素”[①]。师范学校是因回应教师需求而出现的，教师需求的变化源于社会政治、经济、文化与人口等因素对人的要求，尤其是工业革命带来的影响。工业革命改变了社会的生产方式，提高了社会的劳动生产率，增加了社会生产中知识的含量，激发了劳动者的教育需求，促进了社会普及教育的发展。这些变化最终都体现为对教师数量的急切需求。正是为了满足这一需求，一些资本主义国家设立师范学校，有组织地培养师资。

19 世纪中后期，以电力的发现和使用为代表的第二次科技革命发生，技术的革新被广泛用于工业生产，对劳动者的受教育程度和技术水平提出了新要求。与此同时，西方资本主义国家已基本实现初等教育普及化，中等教育的发展对教师的结构和素质提出要求。为顺应这一趋势，西方国家的教师教育机构出现了第一次转型——从中等教育的师范学校转变为高等教育的师范学院。20 世纪中期兴起的第三次科技革命使得拥有知识的人才成为社会竞相争夺的宝贵资源，这大大激发了人们对高等教育的需求。发达国家在普及教育发展到一定程度、师资数量需求基本得到满足的情况下，开始着手提升教师培养的质量。高等教育中学术趋向的价值观开始渗透到教师的评价和考核中，关注教师学术水平、提升教师专业能力的呼声日益高涨。与此同时，发达国家的高等教育进入大众化阶段，高等教育规模的扩大使得教师数量需求得到充分保障，在高等教育层次培养教师进而提升教师教育质量成为可能。于是，在多种因素的共同作用下，西方教师教育机构在二战后开始了第二次转型——从师范学院向综合大学教育学院转变。

内部动因主要涉及教育发展和教师资格制度的实施对教师质量标准的提高、教师教育机构自身发展的压力等。教师的数量满足和质量提高是教育发展中不可回避的问题。在普及教育快速发展的时候，满足教师数量的需求是首要解决的问题。在这一背景下，法国、英国、普鲁士等国纷纷成立教师培训机

① 转引自单中惠，王晓宇，王凤玉，等. 西方师范教育机构转型：以美国、英国、日本为例. 济南：山东教育出版社，2012：53.

构，虽然这种教师培训机构的培养层次低、课程教学内容简单，但这种专门机构能满足公立学校对教师的数量要求。在教师数量需求得到满足、教育普及程度不断提高的背景下，对教师的质量要求也会随之提高，一些国家和组织机构纷纷制定标准，不断提高教师标准，比如提高师范学校学生的入学标准，从招收中学毕业生提高到招收高中毕业生，延长学制，授予学士学位等，从而保障教师质量。同时，教师资格证书制度在美国、英国、法国等西方国家先后确立。作为教师职业准入制度，该制度规范了教师的任用标准，对师范教育机构的课程和教学产生影响，在一定程度上推动了教师教育机构的转型。师范教育机构在社会政治经济文化变革的背景下，面对教育改革与发展提出的新挑战，也存在着生存的压力。教师教育机构需要从自身寻求改变以应对挑战，比如升格转型，提升师范大学的学术标准，争取学位资格等，以满足学生和家长的需要，增强师范学校的市场竞争力。从某种意义上，教师教育机构的转型是面对激烈的生存竞争而采取的一种“自我防御”策略。①

第三，发达国家的教师教育机构转型取得了一定的成效，但也暴露出一些问题，这是我国教师教育组织变革过程中尤其需要警惕的。从整体上来看，发达国家教师教育机构的转型是有成效的。转型之后，教师培训的开放化、多元化和高层次化，不仅满足了基础教育阶段对教师数量的需求，而且满足了社会发展尤其是科技发展对人才素质的要求，推动了基础教育的改革与发展。但同时，师范教育机构也遭到了质疑和批评，主要集中在教师教育进入大学以后被边缘化，一些大学教育学院重视教育研究而忽视对教师的培养和培训，存在“研究教育而不培养教师”的现象；大学教育学院不能将理论成果用于教育实践，未能形成有效的教师培训模式，对教师的教学技能训练重视不够；对中小学教师质量的提高不显著。因此，一些教育学者认为，教师教育机构转型并没有给教师教育带来实质性改变。这些问题正是后来芝加哥大学教育学院关闭的重要原因。其实，这些批评和存在的问题不是教师教育机构转型本身能够彻底解决的，需要教师教育的整体设计，从理念到制度、组织和文化等方面进行全面变革。这启示我们，在推动教师教育组织变革时，需要运用辩证思维，开展系统思考和统筹规划，不仅要看到机构转型和组织变革带来的积极效应，更要

① 单中惠，王晓宇，王凤玉，等. 西方师范教育机构转型：以美国、英国、日本为例. 济南：山东教育出版社，2012：71.

警惕发达国家转型过程中暴露的问题，这事关我国师范大学教师教育组织变革的成败和教师教育质量的提升，这正是以史为鉴的重要价值体现。

第二节　我国教师教育组织机构的演变轨迹与特色

我国培养教师的专门机构出现于19世纪末期，自1897年盛宣怀在上海创办南洋公学师范馆始，我国教师教育已走过百年历程。虽然教师教育历史短暂，但对我国的教育发展和社会进步发挥了重要作用，其自身也在不断的变化中发展。教师教育的百年发展史也是一部变迁史。

许多学者就我国教师教育的发展历史提出了自己的见解。归纳起来，有三种代表性的划分方式。第一种是陈永明教授将我国教师教育发展历史划分为四个阶段：第一阶段是“中体西用型”师范教育制度的创立（1896—1921年），第二阶段是“仿美抗日型”师范教育制度沿革（1922—1948年），第三阶段是“亲苏封闭型”师资培养制度演变（1949—1979年），第四阶段是“改革开放型”师范教育体制改革（1979年至今）[①]。

第二种是刘捷和谢维和在《栅栏内外：中国高等师范教育百年省思》一书中将高等师范教育的办学体制和办学模式分为五个发展阶段：先是定向型高等师范教育模式的确立和完善；然后是非定向型高等师范教育模式的建立和尝试；接着是混合型高等师范教育模式的探索和发展；随后是定向型高等师范教育模式的复归与改革；20世纪90年代末，高等师范教育模式又进一步凸显了由定向型向混合型过渡的改革与发展势头。[②]

第三种是教育部师范司原司长管培俊将我国百年师范教育发展史划分为四个阶段：1897—1921年为第一个阶段，参照德、日等国，建立了由师范院校独立构成的定向型师范教育体系；1922年到新中国成立之前为第二个阶段，参照美国的教师教育制度，形成师范院校与综合大学并存的开放式教师教育体系；新中国成立到1998年为第三个阶段，参考苏联教育模式，恢复与重建独立的师范教育体系；1999年至今为第四个阶段，构建开放多元的现代教师教育体系。[③]

---

① 陈永明，等. 教师教育研究. 上海：华东师范大学出版社，2003：2-11.

② 刘捷，谢维和. 栅栏内外：中国高等师范教育百年省思. 北京：北京师范大学出版社，2002：3.

③ 管培俊. 我国教师教育改革开放三十年的历程、成就与基本经验. 中国高教研究，2009（2）：3-11.

这三种阶段划分在时间范围上大致相同，但划分标准略有差异：第一种划分以教师教育制度的参照系为依据；第二种划分以教师教育体制的类型是定向型、非定向型或混合型为依据；第三种划分是前两种划分标准的综合，既考虑了教师教育制度的参照对象，又考虑了教师教育体制的封闭—开放特征。本书研究主要观察教师教育机构的类型和特征，所以主要以教师教育体制的特征为划分标准。

一、我国教师教育组织机构演变的历程

（一）独立封闭的师范教育体系的确立（1897—1921 年）

自孔子起，中国便形成了"尊师重教"的优良传统，这一社会风气源远流长。然而，与之形成鲜明对比的是，师范教育的历史相对短暂，它是在清朝末年现代学制建立之后才应运而生的。我国师范教育的产生有其特殊的时代背景。1895 年中日甲午战争的失败使中国民族危机进一步加深，"救亡图存"成为国人和有识之士的强烈呼声。在此背景下，以康有为、梁启超为代表的维新派主张变革教育以图自强，认为"兴学校、育人才"必须广设师范学堂。梁启超大力倡导师范教育，将其视为"群学之基"，强调"立师范学堂"是"革旧习，兴智学"的前提。这一主张为师范教育的发展奠定了思想基础。1897 年，盛宣怀在上海创立南洋公学师范馆培养教师，这一举措开中国师范教育之先河，标志着中国开始有意识地培养专门的师资力量。1902 年，管学大臣张百熙主持制定《钦定学堂章程》，并在京师大学堂办速成科，分仕学馆和师范馆。同时，在中学堂设师范学堂培养小学堂教习人才，在高等学堂设师范学堂培养中学堂教员。尽管此时的师范学堂附属于普通学校，不具有独立地位，但初步形成了两级师范教育体系，为后续师范教育的独立发展奠定了基础。1904 年，清政府颁布实施《奏定学堂章程》（又称"癸卯学制"）。在《奏定学务纲要》中提出："学堂必有师""学堂开设之初，欲求教员，最重师范"。在卯学制将师范教育作为一个独立的系统，包含初级和优级两段，对招收的生源层次、修业年限和培养目标等方面都做出了明确规定。这一学制的颁布，标志着中国师范教育正式形成了独立的制度体系，对中国近代教育的发展产生了深远影响。综上所述，我国在清朝末年已初步形成由初级师范学堂和优级师范学堂构成的

独立的师范教育制度。

1911 年，辛亥革命推翻了清王朝，中华民国建立。1912 年，中华民国南京临时政府教育部发布的《师范教育令》将清朝末年的初级师范学堂改为师范学校，以省立为原则，私人也可呈请办理，旨在培养小学教员；改清末的优级师范学堂为高等师范学校，以国立为原则，旨在培养中学教员。将全国划分为六大师范区，各大区设立一所国立高等师范学校。据统计，截至 1915 年，国立和省立高等师范学校 10 所，学生 1917 人。[①]清朝末年到民国初期，师范教育机构都是独立系统，分为两段，分别培养小学师资和中学师资。

（二）开放性师范教育体系的初步形成（1922—1948 年）

20 世纪 20 年代以后，我国师范教育改革从“仿日”向“学美”转变。此时的美国教师教育正处于从师范学校向师范学院（教师学院）转变的时期。师范学校没有彻底消亡，师范学院刚刚兴起，中等教育的师范学校与高等教育的师范学院共同培养普及教育所需的师资。此时，综合大学参与中小学教师培养的趋势有所发展。美国师范教育的发展变化对我国当时的教师教育产生了影响，取消独立设置的师范院校、将师范院校转为综合大学以开展教师教育的思想逐渐兴起，关于师范院校应保持独立还是进行合并的争论也愈演愈烈。

1922 年颁发的《学校系统改革案》提出要提高教育程度，将高等师范学校改为师范大学，授予普通大学以中等教育师资的培养权，但是当时政府对高等师范学校升格为师范大学的标准和要求不明确，缺乏充分的准备和妥善的安排。一些省份为了建大学，大开高师、大学合并之风，将已经具备一定规模的高等师范学校改建成大学。在“高师改大”运动中，仅有一所改成师范大学，其他五所高等师范学校都改为综合大学。1932 年，教育部在《改革我国教育之倾向及其办法》中提出“大学以农工商为主，并将现行师范教育一律取消……中学师资以大学毕业，再受一年师范训练充之”，取消独立设置的师范教育，将教师教育变成大学后教育。关于师范教育存废的争论不相上下，现实是师范教育遭到严重削弱。1923—1938 年，中国没有独立的高等师范院校，中学师资短缺严重影响了中国教育事业的发展。[②]

① 张燕镜. 师范教育学. 福州：福建教育出版社，1995：64.

② 张燕镜. 师范教育学. 福州：福建教育出版社，1995：76.

为了解决中学师资短缺的问题，重建高等师范教育制度被提上议事日程。1938 年 7 月，教育部颁发《师范学院规程》，规定“师范学院单独设立，或于大学中设置”，其目标是造就健全的中等教育师资[①]。同年 12 月，第一所独立设置的国立师范学院在湖南安化县蓝田镇（今涟源市）成立。在教师教育政策影响下，一些大学教育学院或系改为师范学院。到 1948 年，国立和省立高等师范学院 11 所，大学师范学院或教育学院 4 所，国立、省立教育学院 3 所，大学及独立学院教育系 28 个，师范专科学校 13 所。多种形式并存的师范教育制度已经形成。[②]

（三）独立封闭的师范教育体系的重建（1949—1977 年）

中华人民共和国成立之初，百废待兴，文化教育事业亟须恢复、整顿和重建。据统计，在中华人民共和国成立之前，全国独立设置的高等师范院校仅 12 所，在校学生 12039 人；另有附设于大学的师范学院 3 所，在校学生 4363 人。[③]高等师范教育不仅数量严重不足，而且系统混乱，结构失调，条件简陋，课程设置繁杂，教学内容陈旧，导致教育质量不高。政府十分重视发展教育和师范教育。在 1949 年 12 月召开的第一次全国教育工作会议上，教育部副部长钱俊瑞指出：“师资的问题是数量不足，质量不高……改进各地师范教育……借以培养众多合格的师资。”[④]1950 年 5 月，教育部颁发《北京师范大学暂行规程》，这是新中国第一个高等教育领域的法令性文件。该规程对北京师范大学的培养目标、管理体制、组织机构、专业设置和招生资格做出了详细规定，为高等师范教育的发展指明了方向。

1951 年 8 月召开的第一次全国初等教育和师范教育会议对我国师范教育的改革与发展问题进行了系统探讨，明确师范教育工作的重点是对高等师范院校进行整顿、充实和提高，并调整现有师范教育布局。同年 10 月，政务院颁发《关于改革学制的决定》，这是新中国成立以来第一个学制文件，明确了师范院校在学校系统中的地位和作用。1952 年，为满足新中国建设和社会发展对高层次专门性人才的需求，在政府的主导下开展了院系调整工作，在整顿和加强综

---

① 宋恩荣，章咸. 中华民国教育法规选编：1912—1949. 南京：江苏教育出版社，1990：511.

② 黄崴. 教师教育体制国际比较研究. 广州：广东高等教育出版社，2002：45.

③ 刘捷，谢维和. 栅栏内外：中国高等师范教育百年省思. 北京：北京师范大学出版社，2002：118.

④ 何东昌. 中华人民共和国重要教育文献（1949—1997）. 海口：海南出版社，1998：8.

合大学的基础上，发展专门学院，师范院校也获得了较大发展。到1953年，独立设置的师范院校33所，在全国高校总数中名列前茅。政务院在《关于改进和发展高等师范教育的指示》中指出，当时的高等师范学校不适应中等学校发展的要求，应大力发展高等师范教育。1956年，针对中等教育师资短缺的问题，国家提出大力发展高等师范教育的方针。同年颁布的《师范学校规程》对中等师范学校的性质、任务、学制等方面做出了明确规定。到1957年，全国高等师范院校达58所，在校学生数达11.5万人。[①]1958—1960年，高等师范教育受到"大跃进"运动的影响，出现盲目发展的情况，学校数量快速增加，但学校规模普遍较小，办学条件无法得到有效保障，师范院校布局也不合理。这些问题对我国高等师范教育的发展产生了不利影响。1961年，国家采取"调整、巩固、充实、提高"的方针，对高等师范学校进行整顿，使师范教育质量有所提高。1961年10月，教育部召开的全国师范教育会议强调，高等师范教育的重心是提高师范教育的质量。然而，"文化大革命"的爆发导致我国师范教育遭到重创，许多师范院校停办、合并、搬迁，校舍被占，仪器、图书失散，导致学校教师所需师资难以保证。

（四）独立师范教育体系的恢复、巩固与提高（1978—1996年）

1978年，党的十一届三中全会的召开结束了"文化大革命"造成的混乱局面，社会政治经济和教育事业进入拨乱反正的发展时期。为了给基础教育提供数量充足且质量合格的师资，教育部大力推进师范教育的恢复和发展。《关于加强和发展师范教育的意见》提出，要恢复和重建三级师范教育体系。1980年召开的第四次师范教育工作会议上，师范教育被确立为教育事业的"工作母机"。会议强调，师范院校要高度重视教师的培养工作，着力提高教师教育的质量，为各类中等、初等学校和幼儿园培养合格师资。同时，会议还明确了各层次师范院校的培养任务。

1985年，《中共中央关于教育体制改革的决定》再次重申了教师队伍建设的重要意义，强调要高度重视并大力发展各级师范教育。为了更好地贯彻该决定的精神，国家教育委员会于1986年发出《关于加强和发展师范教育的意见》的通知，就师范教育的改革与发展提出了8条指导性意见。1987年，针对

① 刘捷，谢维和. 栅栏内外：中国高等师范教育百年省思. 北京：北京师范大学出版社，2002：126.

高等师范教育发展中出现的问题，国家教育委员会副主任柳斌提出优先发展师范教育，师范院校应坚持为基础教育服务的方向不动摇，避免盲目向综合性大学看齐，师范院校要办出特色，将学术性与师范性统一起来。[①]1993年发布的《中国教育改革和发展纲要》中延续了大力发展师范教育的政策思路，要“进一步扩大师范院校定向招生的比例”，同年通过的《教师法》明确了独立设置师范院校的重要性。

1978—1996年，我国的师范教育随着我国各项事业一起蓬勃发展，尽管办学方向上有过争论和迷茫，但关于师范教育在教育事业发展中的重要意义的认识是高度统一的，“大力发展师范教育”的精神是一以贯之的，坚持建立和完善独立、封闭的师范教育制度的政策主张是未有任何动摇的。1996年召开的全国师范教育工作会议，是我国教师教育从数量规模的外延式发展转向提高质量的内涵式发展的标志。

（五）开放多元的教师教育体系形成和发展（1997年至今）

教师教育体系的变革与社会政治经济体制的改革密切相关。我国长期以来形成了独立设置师范院校培养教师的传统，这一传统与计划经济体制密切相关。在特殊时期，独立的师范院校定向培养中小学师资，保障了基础教育发展有稳定的师资来源，支撑起我国基础教育事业。但自1985年起，经济体制的改革和市场经济的建立给以独立设置师范院校为主体的封闭的师范教育体系带来了冲击和挑战。实际上，1980年以后，一些师范大学已经敏感地察觉到社会环境的变化，部分师范大学开始小心翼翼地探索和改革，尝试开办非师范专业。20世纪90年代，随着政府主导的第二次院系调整，一些师范院校并入或改为综合性大学的一部分。同时，经过改革开放20多年的发展，基础教育师资数量不足的矛盾基本得到解决，提高教师质量成为教师教育改革与发展的新主题。受发达国家（尤其是美国、英国和法国等）教师教育大学化趋势的影响，打破师范院校对教师教育的垄断，鼓励综合性大学参与教师培养，提升教师培养的质量成为教师教育的大势所趋。尤为明显的是1993年颁布的《中国教育改革与发展纲要》，一方面提出要“进一步扩大师范院校定向招生的比例”，这是强调师范院校独立设置的必要性；另一方面又要求“其他高等院校也要积极承担培养

---

① 金长泽，张贵新. 师范教育史. 海口：海南出版社，2002：231.

中小学和职业技术学校师资的任务”，这是应对基础教育要求打破独立设置师范院校的尝试。1999 年 6 月发布的《中共中央 国务院关于深化教育改革全面推进素质教育的决定》明确提出，“鼓励综合性高等学校和非师范类高等学校参与培养、培训中小学教师工作”，这为开放的教师教育体系提供了明确的政策依据。在此之后的数年，非师范院校积极参与教师教育，已经在教师教育活动中占据半壁江山。2003 年，近百所无师范之名的高等院校在厦门召开了“全国非师范院校教师教育工作会议”，宣称其要成为教师教育的重要力量。在此之后，构建开放灵活的教师教育体系成为主流的政策话语。2022 年，教育部等八部门印发《新时代基础教育强师计划》。2023 年，《教育部关于实施国家优秀中小学教师培养计划的意见》印发。这意味着我国已经形成多元开放的现代教师教育体系。1985 年以来我国教师教育体系改革的相关政策演变如表 2-2 所示。

表 2-2 1985 年以来我国教师教育体系改革的相关政策演变

时间	政策文件名称	政策表述
1985 年	《中共中央关于深化教育体制改革的决定》	建立一支有足够数量的、合格而稳定的师资队伍，是实行义务教育、提高基础教育水平的根本大计。为此，要采取特定的措施提高中小学教师和幼儿教师的社会地位和生活待遇，鼓励他们终身从事教育事业。与此同时，必须对现有的教师进行认真的培训和考核，把发展师范教育和培训在职教师作为发展教育事业的战略措施
1993 年	《中国教育改革和发展纲要》	师范教育是培养中小学师资的工作母机，各级政府要努力增加投入，大力办好师范教育，鼓励优秀中学毕业生报考师范院校。进一步扩大师范院校定向招生的比例，建立师范毕业生服务期制度，保证毕业生到中小学任教。其他高等院校也要积极承担培养中小学和职业技术学校师资的任务
1996 年	《关于师范教育改革和发展的若干意见》	健全和完善以独立设置的各级各类师范院校为主体，非师范类院校共同参与，培养和培训相沟通的师范教育体系
1999 年	《关于师范院校布局结构调整的几点意见》	①以师范院校为主体，其他高等学校积极参与，中小学教师来源多样化；②师范教育层次结构重心逐步升高；③职前职后教育贯通，继续教育走上法制化轨道，以现代教育技术和信息传播技术为依托，开放型的中小学教师继续教育网络初步建立
1999 年	《中共中央 国务院关于深化教育改革全面推进素质教育的决定》	鼓励综合性高等学校和非师范类高等学校参与培养、培训中小学教师的工作，探索在有条件的综合性高等学校中试办师范学院
2001 年	《国务院关于基础教育改革与发展的决定》	完善以现有师范院校为主体、其他高等学校共同参与、培养培训相衔接的开放的教师教育体系
2002 年	《教育部关于“十五”期间教师教育改革与发展的意见》（已失效）	按照基础教育事业发展目标，依据国家有关规定，确定合理的师范院校培养规模、结构，初步形成以现有师范院校为主体，其它高等学校共同参与，培养培训相衔接，体现终身教育思想的开放的教师教育体系
2004 年	《2003—2007 年教育振兴行动计划》	改革教师教育模式，将教师教育逐步纳入高等教育体系，构建以师范大学和其他举办教师教育的高水平大学为先导，专科、本科、研究生三个层次协调发展，职前职后教育相互沟通，学历与非学历教育并举，促进教师专业发展和终身学习的现代教师教育体系

续表

时间	政策文件名称	政策表述
2010年	《国家中长期教育改革与发展规划纲要（2010—2020年）》	加强教师教育，构建以师范院校为主体、综合大学参与、开放灵活的教师教育体系
2012年	《国务院关于加强教师队伍建设的意见》	构建以师范院校为主体、综合大学参与、开放灵活的中小学教师教育体系
2012年	《教育部 国家发展改革委 财政部关于深化教师教育改革的意见》	构建开放灵活的教师教育体系。发挥师范院校在教师教育中的主体作用，重点建设好师范大学和师范学院。鼓励综合大学发挥学科综合优势，参与教师教育。地方综合性院校、师范高等专科学校、中等师范学校要根据教师培养要求，积极调整专业结构，加强小学和幼儿园教师培养。教育部与各省级人民政府共同建设一批师范大学和职业技术师范院校。支持部属师范大学与地方师范院校合作建立区域性教师教育联盟
2018年	《中共中央 国务院关于全面深化新时代教师队伍建设改革的意见》	实施教师教育振兴行动计划，建立以师范院校为主体、高水平非师范院校参与的中国特色师范教育体系，推进地方政府、高等学校、中小学“三位一体”协同育人
2018年	《教师教育振兴行动计划（2018—2022年）》	加大对师范院校的支持力度，不断优化教师教育布局结构，基本形成以国家教师教育基地为引领、师范院校为主体、高水平综合大学参与、教师发展机构为纽带、优质中小学为实践基地的开放、协同、联动的现代教师教育体系
2022年	《新时代基础教育强师计划》	重点支持建设一批国家师范教育基地，构建师范院校为主体、高水平综合大学参与、教师发展机构为纽带、优质中小学为实践基地的开放、协同、联动的现代教师教育体系
2023年	《教育部关于实施国家优秀中小学教师培养计划的意见》	健全中国特色教师教育体系，推动高水平高校为中小学培养研究生层次高素质教师
2025年	《教育强国建设规划纲要（2024—2035年）》	健全教师教育体系，扩大实施国家优秀中小学教师培养计划，推动高水平大学开展教师教育，提高师范教育办学质量

二、我国教师教育组织机构演变的特征

纵观我国教师教育百余年的历史发展，教师教育制度是随着我国社会的政治、经济和文化的变迁而变化的。考察教师教育制度中的组织机构特征可以发现，我国教师教育组织机构的演变与发达国家教师教育机构的转型既有相似性，也有特殊性。

（一）教师教育机构的转变是教育事业发展和教师素质提升的客观需要

回顾师范教育机构的产生就可以发现，教师教育机构是为满足学校教育的发展对师资数量的需求而产生的。学校教育对教师的需求不仅体现为数量的满足，而且体现为对教师素质的要求。我国教师教育的发展与我国教育事业发展是紧密相联的，在我国教育事业以规模发展为重点的时期，教师教育得到了大

力发展，此时的教师教育重点是解决教师数量“够不够”的问题，比如，在清朝末年废除科举，建新式学校，师资是基础，所以康有为、梁启超、张之洞等都主张发展师范教育，建立师范学校以培养新式学校所需要的师资，这促成了师范教育在我国的兴起；在中华人民共和国成立之初，恢复和建立学校教育体系的时候，政府把发展师范教育培养师资放在教育事业发展的首位；在“文化大革命”结束之后到改革开放的初期，我国教育事业发展面临的突出问题是师资短缺，政府也是通过大力发展师范学校来振兴教育，这样的策略在普及九年义务教育中同样得到了运用。只有首先解决教师数量的问题，确保有教师可教，接下来才能考虑如何提高教师素质、解决教师质量优不优的问题。教师素质的提升是一个阶段性过程，在一定时期解决了数量问题后，质量问题就会凸显。而且，不同时期对教师质量的要求也有所不同，这体现为教师教育层次和水平的不断提升，而这需要教师教育机构进行转型来适应。“从世界的教师教育发展规律看，当一个国家致力于发展初等教育时，教师教育便处在中等师范教育一级机构的阶段；当一个国家致力于发展中等教育时，师范教育就要由中等师范学校向高等师范院校发展。”①教师教育要同时为小学和中学培养师资，由此形成了中等师范学校和高等师范学校两级构成的教师教育体系；当小学对教师提出更高素质要求时，高等教育水平的师范院校体系应运而生；在基础教育的教师数量得到满足后，需要将教师的质量提高到专业化水平，这就催生了综合性大学中的教师教育体系。②从社会发展的历史进程和教育发展的总体特征来看，教师教育的层次水平是不断提升的，这从社会和教师资格制度对教师的学历要求和各级各类师范学校的培养目标就可以得到验证。《中华人民共和国教育法》（简称《教育法》）对中小学最基本的学历要求是：幼儿园教师应该具备幼儿师范学校毕业及以上学历；小学教师应该具备中等师范学校毕业及以上学历；初等学校教师应该具备高等师范专科学校或大学专科毕业及以上学历；高中教师应该具备大学本科毕业及以上学历。这只是获得教师资格证书时应该具备的学历要求，是最低标准。随着我国社会发展对人才素质要求的提高以及教育改革的需要，现实中教师的实际学历水平要高于法律法

① 李学农，张清雅. 教师教育世纪转型与发展. 南京：南京师范大学出版社，2014：84.

② 李学农，张清雅. 教师教育世纪转型与发展. 南京：南京师范大学出版社，2014：84.

规的要求，2015 年，普通高中专任教师中研究生学历比例达 7.15%[①]；2022 年，这一比例达到 13.08%[②]。教师标准水涨船高，这说明我国教师教育满足了社会发展的需要，同时自身也获得了较大发展。

（二）我国教师教育机构转型的总体趋势是层次提升、类型多样

在我国由师范教育向教师教育转型的过程中，教师教育的层次结构也在不断发生变化，与之密切相关的是，我国教师教育机构在发展过程中，尤其是新中国成立以来，呈现出机构层次水平提升、机构类型多样的特征。新中国成立之初，我国借鉴苏联的师范教育经验，建立了由初级师范学校、中等师范学校、师范专科学校和高等师范学校构成的“四级师范教育体系”。后来，初级师范学校被取消，形成了“中师-师专-高师”的三级师范教育体系。“文化大革命”严重破坏了我国原有的师范教育体系，也影响了我国教育发展。“文化大革命”结束以后，国家重视恢复和发展教育，三级师范教育体系也得以恢复，支撑了我国基础教育发展。1980 年左右，我国已基本形成以师范大学、师范专科和中等师范为主的师资培养体系。1985 年，随着经济体制改革和教育体制改革的推行，师范教育迎来了一些新变化：师范院校开始设置非师范专业，以拓展办学空间、提升学校综合实力；一些综合性大学也开设了教育类专业。在此背景下，独立的师范教育体系出现松动，国家对非师范院校举办的师范给予与师范院校同样的政策，鼓励非师范院校的毕业生到中学任教。1999 年，基础教育从数量增长转向质量提高，教师教育从数量需求导向逐步转向质量要求导向。[③]同年，教师教育政策出现较大的变化，在调整师范院校布局，提升师范教育的层次和重心的基础上，允许和鼓励非师范类高等院校（尤其是综合性高校）参与中小学教师的培养、培训工作。此时，我国初步形成了师范院校与非师范院校共同参与的多元开放的教师教育体系，在这个体系中，有师范大学、综合性大学、师范学院、综合性学院、师范专科、中职（含中师）等六类高校在研究生（包括教育硕士和教育博士）、本科、专科和中职四个层次培

① 曲铁华，于萍. 改革开放 40 年教师教育改革与未来展望. 教育研究，2018（9）：36-44.

② 教育部：普通高中专任教师中研究生学历比例为 13.08%. http://www.moe.gov.cn/fbh/live/2023/55167/mtbd/202303/t20230323_1052349.html.

③ 俞嘉怡，荀渊. 1949 年以来我国教师教育变革特征及其政策价值. 全球教育展望，2015（4）：80-85+103.

养教师。[1]

（三）教师教育机构的发展伴随着独立封闭与开放多元、师范性与专业性、面向中小学与向综合大学看齐的争论

回顾我国教师教育发展的历史可以发现，在我国教师教育百余年的发展历史中，教师教育机构首先面临的争议是独立封闭存在还是开放多元存在，这与国家教师教育体制类型有关。英国教育家詹姆斯·伯特在一份教育报告中将师范教育体制划分为两种类型，即“定向型”师范教育和“非定向型”师范教育。[2]“定向型”师范教育是指专门的师范院校制定特定的招生、教学和就业计划，为中小学培养教师；“非定向型”师范教育是指通过综合大学、文理学院等其他高等教育机构和师范院校，共同为中小学培养教师。后来，师范教育体制发展又形成了第三种类型：“混合型”师范教育体制，是指一个国家或地区同时采用“定向型”和“开放型”师范教育体制。“定向型”师范教育体制的突出特征是师范院校定向招收师范生，并依据师范生培养要求开设课程、组织教育实践活动，学生毕业后定向到中小学任教。这种体制能确保师范生生源以及就业服务于中小学，对学生的培养具有较强针对性，注重对学生职业道德和职业精神的熏陶。然而，它也存在不足：封闭的师范院校缺乏外在竞争压力，学生就业有保障使得学习动力不足；同时，学科专业学习和教育专业学习混合的方式，使得师范生的学科专业基础不够扎实。“非定向型”师范教育打破定向招生、定向就业的制度限制，在教师资格制度的保障下，允许非师范院校参与师范生培养。这种体制无论是给院校还是给学生都带来压力，综合性大学较高的学术水平和浓厚的学术氛围有利于提高学生的学科专业能力，为师范生未来的专业发展提供了充足后劲。可以说，两种教师教育体制并无绝对的优劣之分，将两者结合更有助于提升师范生的培养质量和师范院校自身实力水平。因此，“混合型”师范教育制度应运而生。我国高等师范教育制度在20世纪20年代以前主要是“定向型”；20世纪20—40年代，逐渐向“混合型”发展；新中国成立以后的很长一段时间内，坚持的是“定向型”师范教育制度。

---

① 宋萑，张博，王敬英，等. 教师教育改革探索与新挑战//杨东平. 中国教育发展报告·2015. 北京：社会科学文献出版社，2015：164-176.

② 顾明远. 教育大辞典：增订合编本. 上海：上海教育出版社，1990.

20世纪90年代，我国师范教育制度开始朝着“以师范院校为主体、高水平综合大学参与”的“混合型”教师教育制度转变，这是适应我国社会政治经济体制以及教育发展需要的体制类型。

学术性与师范性是长期困扰师范院校发展的重大理论与实践问题。关于两者的关系，主要有三种观点：第一种观点认为，师范性是师范院校的特色和标识，师范院校应以师范性为主，为中小学培养数量充足的高素质师资；第二种观点认为，师范院校作为人才培养的机构，应该以学术性为主，只有师范院校不断提升学术水平才能培养高素质教师，才能真正提高教育教学质量；第三种观点认为，师范院校应该注意师范性与学术性的统一，两者不是非此即彼的选择。[①]叶澜教授针对师范院校办学过程中存在的“学术性”与“师范性”问题，认为这是一个“真实的假问题”。[②]之所以是“假问题”，是因为师范性需要以一定的学术性为前提，只有具备较高的学术性才能真正保障师范性；师范性就体现为师范院校的学术性，两者应该是统一的，不可偏废。说其是“真实的假问题”，是因为在现实中，人们对两者的理解有偏差，将学术性狭隘地理解为文理学科的水平，将师范性狭隘地理解为教育学科的水平。师范院校在培养师范生的过程中，鉴于学生学习时间和精力有限，在体现师范性的教育类课程和教育实习，以及体现学术性的学科专业课程之间，往往出现安排不平衡的现象。而且，师范院校的学术水平被认为低于综合性大学，人们认为师范院校只需要做好教师培养工作，重点在于提高教育教学能力，无需申报科研课题或从事学术研究。这导致师范院校和从事教师教育的教师都产生了低人一等的感觉。其实，在提倡教师专业化的当下，师范院校应实现师范性与学术性的有机结合。这两者并非简单的相加，而是要真正融为一体，具体体现在培养人才的模式和质量上。师范大学的学术性与一般综合性大学的学术性有所不同，应被称为“师范学术性”。

师范大学究竟是面向中小学办学，还是向综合性大学看齐，这绝非一个办学口号层面的议题，实质关涉师范大学的办学定位和发展方向。一种观点认为，师范大学的功能是培养中小学师资，自然应面向中小学，依据中小学的实

① 林永柏，解力. 中国师范教育通览（理论卷）. 长春：东北师大出版社，1998：112-113.

② 叶澜. 一个真实的假问题：“师范性”与“学术性”之争的辨析. 高等师范教育研究，1999（2）：11-17.

际需求切实提高师范生的教育教学能力。如果师范院校不能面向中小学，必然会脱离实际。另一种观点认为，培养中学教师，应当提高师范生的学科知识水平和科学研究能力。师范生不仅需要知晓怎么教，更应该知道教什么，并具有深厚的学科专业知识和较高的学术水平。所以，师范大学办学应向综合大学的水平看齐。针对这两种具有争论性的观点给师范大学办学带来的困扰，为统一认识，在1961年召开的全国师范教育工作会上，教育部副部长周荣鑫作了澄清：两个口号的提出都有一定的历史背景，也都是正确的，但由于缺乏具体措施，而且理解不到位，产生了一些不正确的想法和争论。两者不是对立的，“面向中小学”突出师范院校的培养目标，体现高师院校的特点，“向综合性大学看齐”有助于提高教师的科学知识水平，师范院校既要面向中小学培养合格师资，又要提高质量，只有把两者结合起来，才是师范教育改革与发展的正确方向。①

正确认识和处理这些争论，不仅能够深化对教师教育特点和规律的认识，还能统一思想，推动教师教育改革实践。在新的时代背景和教育发展阶段，这些争论问题依然存在，可能以新的形式出现，这就需要我们不断加强理论修养，提升认识水平，准确把握教师教育改革的规律。

第三节　历史背景下的教师教育组织变革总结

分析美国、英国和法国等发达国家教师教育机构转型的历史可以发现，尽管各国的社会发展进程、文化传统和教育发展模式存在差异，教师教育机构转型的时间和路径选择也不尽相同，但它们也呈现出一些共性特征。这些特征可能蕴藏着教师教育组织变革的历史规律，即教育的发展对教师供给提出了新的要求，相应地，对培养教师的结构也提出了新要求。教师培养结构的层次不断提升，教育培养机构的类型逐渐多样化。教师教育机构的转型并非低层次机构被完全取代，而是一个渐进的过程，某一时期可能同时并存着不同层次的教师教育机构。从师范学校到师范学院或教师教育学院再到师范大学的教育学院，表面上看是教师教育机构的转型，实质上是教师教育专业化、大学化和一体化理念的体现。发达国家教师教育机构转型的原因大致相同，既受到政治、经

① 金长泽，张贵新．师范教育史．海口：海南出版社，2002：106-107.

济、文化、人口等外部社会因素的影响，也与教师管理制度改革、教师教育机构自身发展的压力等教育内部因素有关。西方发达国家教师教育机构转型基本满足了各国教育发展对教师的需求，为世界各国教师教育改革提供了经验借鉴。然而，转型过程并非一帆风顺，其中存在着一些矛盾和教训，我国教师教育改革应引以为戒。

我国的教师教育主要经历了独立封闭的师范教育体系的确立（1897—1921 年），开放性师范教育体系的初步形成（1922—1948 年），独立封闭的师范教育体系的重建（1949—1977 年），独立师范教育体系的恢复、巩固与提高（1978—1996 年），开放多元的教师教育体系形成和发展（1997 年至今）五个阶段。教师教育机构随着教师教育体系或教育制度的变革而变革，满足了发展教育事业、提升教师教育水平的需求，呈现出层次提升、类型多样的总趋势。然而，在发展过程中，伴随着独立与合并、师范性与专业性、面向中小学与向综合性大学看齐的争论。这些争论的出现既与教师教育基本理论薄弱有关，也与政府对待教师教育的政策立场、师范院校自身的战略选择有关。

通过对主要发达国家和我国教师教育发展演变的历史梳理发现，教师教育转型蕴含着教师教育机构的转型，教师教育机构转型是教师教育转型的主要内容和外在体现，两者之间有着紧密的联系。教师教育机构从产生之日起，就一直处在不断的变革之中。虽然各国教师教育机构变革的路径不一，教师教育机构的名称与存在方式不同，但教师教育活动在高等教育体系中的存在方式有共同的趋势——以学校的存在形态向以专业的存在形态转变。这对师范大学的教师教育组织结构和治理机制产生了影响，要求师范大学变革教师教育组织，以适应这种变化。

第三章　师范大学教师教育组织变革的现实驱动力

教师教育的专业化、大学化和一体化等理论是教师教育实践的产物，反映了教育发展对教师培养培训的新要求，也是人们对教师教育活动规律的总结，更是人们对教师教育未来发展的期待。这些教师教育理论可供我国模仿和学习，对我国教师教育改革具有启蒙和引领作用。然而，思想的启蒙和引领作用仅仅为变革提供了可能性，教师教育组织在变革环境中所面临的压力和动力才是变革发生的关键因素。组织存在于一定的环境之中，组织从周围的环境中获得生存和发展所需要的资源、信息及能量。当环境发生改变时，组织需要做出相应调整。组织变革的根本目的在于适应环境，以维持自身的生存和发展。对于我国师范大学教师教育组织而言，环境的变革主要体现在教师教育转型和师范大学综合化转型两个方面。因此，本章综合运用场域理论和组织变革理论，着重分析教师教育转型和师范大学综合化转型这两个现实因素对我国师范大学教师教育组织变革产生的影响。

第一节　教师教育转型与组织变革的关联

教师教育转型是系统内部要素整体性的转变。教师教育组织是具体组织实施教师培养培训的组织，教师教育组织的发展变化与教师教育系统的发展变化密切相关。历经百余年的发展，我国教师教育的规模、结构、层次不断变化，教师教育目前处于转型阶段。教师教育转型是内外多种因素共同作用的结果，教师教育转型不仅使师范大学所属的场域发生变化，还使师范大学在场域中的位置关系发生改变，这势必影响师范大学的行为选择。

一、教师教育转型的内涵

20 世纪 90 年代，我国教师教育开始出现显著变化，并逐渐迈入转型期。“师范院校转型”与“教师教育转型”成为教师教育研究的热门话题，构成这一时期我国教师教育研究的宏观背景。

“教师教育转型”主要由“教师教育”和“转型”两个概念构成，前文已经对“教师教育”进行了详细的概念界定，这里不再赘述。本部分重点对“转型”的含义展开具体分析。

“转型”原本属于生物学范畴，指“微生物细胞之间以‘裸露的’脱氧核糖核酸的形式转移遗传物质的过程”①，意味着生物物种的变异。西方社会学家借用这个概念来描述和分析社会结构所发生的具有进化意义的转换与性变，称之为“社会转型”②。后来，“转型”的概念被迁移到社会科学的多个领域，涉及社会转型、经济转型、文化转型和教育转型等，指“在相关的领域中发生的一种系统化的、大规模的和带有根本性的转变过程”③。“转型”意味着事物在两种不同的形态之间变化，从旧形态过渡到新形态，达到暂时的平衡，其目的是以这种方式适应变化的环境。④

由此，在一般意义上，教师教育转型是“教育形态演进的一种特殊形式，是以教师教育结构的变迁为主要内容的涉及教师教育各领域的全面变革”⑤。作为培养培训师资的专门性教育活动，教师教育主要涉及理念、机构、制度、结构、方法和模式等要素，这些要素相互依存相互影响，构成有机整体。教师教育转型是教师教育质量的根本性、系统性变化，是新旧两种教师教育形态之间的转换。这种转换是一个长期且复杂的过程，其间具有不确定性和冲突性。从理论层面来看，新的教师教育形态得以确立，是教师教育转型完

① 中国大百科全书出版社不列颠百科全书编辑部. 不列颠百科全书：国际中文版. 北京：中国大百科全书出版社，1999：177.

② 冯建军. 论教育转型. 全球教育展望，2010（9）：39-45.

③ 转引自王彩凤. 论师范教育转型与坚持师范性. 湖南社会科学，2012（3）：208-211.

④ 王凤玉. 社会变革与教育机构转型：美国师范教育机构转型研究及启示. 北京：人民出版社，2008：16-17.

⑤ 朱旭东. 论师范大学的“战略转型”及教师教育的组织结构选择. 当代教师教育，2008（1）：13-19.

成并取得成功的标志性事件，反之，则意味着教师教育依旧处于转型阶段。

除了“教师教育转型”，人们还常用“师范教育转型”“师范院校转型”等来描述教师培养培训活动所发生的变化，三者有时通用。“师范教育转型”和“教师教育转型”含义相近，都是指我国师资培养活动和师资培养体系由“师范教育”向“教师教育”转变。在宽泛意义上，“师范院校转型”也可描述这一转换过程，因为“师范教育总是同一种独立的师范院校体系相联系”①，师范教育只包含师范院校，两者的外延是相同的，师范院校在某种程度上就代表师范教育，师范教育的转型主要体现在师范院校的使命、定位、学科、课程和人才培养模式等方面。但是，三者所指的内容还是有区别的。“师范教育”和“教师教育”指教育形态、教育活动和教育制度，“师范院校”则是教育机构；教育机构是教育形态、教育活动、教育制度的一个要素和一部分，即师范院校是师范教育的实施机构，也是教师教育活动的承担机构；师范教育及其内容比师范院校更广泛，不仅包括机构，还包括理念、课程、制度、人才培养模式和管理模式等方面。师范院校转型只是教师教育转型的一部分，除此之外，教师教育转型还包括教师教育理念的转型、学科专业结构的转型和人才培养模式的转型等多个方面。教师教育转型与师范院校转型两者之间的关系可以描述为：教师教育转型会引发师范院校转型，师范院校转型是教师教育转型的重要内容和体现。师范院校体系的教师教育机构只有师范院校，现代教师教育体系中的教师教育机构主要分为两类，一是师范院校，二是综合院校。由独立封闭的师范教育向多元开放的教师教育转型，对师范院校和综合院校都有影响，二者都需要不同程度地进行转型，以适应教师教育转型的需要。在某种意义上，教师教育转型要求引发了教师教育机构转型。师范院校是教师教育活动必不可少的要素，师范院校的转型需要通过学科、专业、课程和人才培养模式的转变来实现，这些改变本身就构成教师教育转型。

就我国教师教育转型的具体实践而言，主流的观点是指“师范教育”向“教师教育”转型。如“教师教育转型就是指从传统师范教育逐步过渡到现代教师教育的漫长过程”②。“师范教育”与“教师教育”不仅是描述培养培训活

① 李学农，张清雅. 教师教育世纪转型与发展. 南京：南京师范大学出版社，2014：75.

② 闫建璋. 从“小”教育学院走向“大”教育学院：论新形势下我国师范大学教育学院的发展走向. 高教探索，2012（1）：74 -78.

动的两个不同概念，而且是两种不同的教育形态，在理念、制度、机构等方面存在差异，多位学者对此进行了比较研究。黄崴认为，师范教育主要是职前教育，侧重所教学科的专业教育，采用独立的办学模式；教师教育主张职前培养和职后培训的一体化，坚持正规教育与非正规教育的统一。相比师范教育而言，教师教育是多层面、全方位、面向教师终身发展的“大”教育。[①]潘懋元和吴玫认为，“‘师范教育’到‘教师教育’的转变，是概念转换、观念更新和制度变革的统一”；师范教育向教师教育转型，意味着从强调教师职业的伦理性到强调教师职业的专业性，从重视教师的职前培养到强调教师的终身学习，教师教育所包含的对象也在不断扩大，除了中小学教师之外，还包括幼儿园教师、高等学校教师等；教师教育不同于师范教育的显著特征就是专业化、开放性和一体化。[②]钟启泉和王艳玲从体系的特征、教师培养过程、培养渠道和教师形象等角度，对“师范教育”和“教师教育”进行了比较，他们认为“师范教育”体系是封闭的，培养过程注重理论性，教师所接受的教育是一次性和终结性的；“教师教育”体系则是开放的，培养过程注重教师的专业性，强调教师应该终身接受教育。从“师范教育”向“教师教育”转变，意味着教师培养过程由职前培养走向终身发展，教师培养的渠道由单一封闭走向多元开放，教师的形象由“课程的忠实执行者”向“反思性实践者”转变。[③]“师范教育”向“教师教育”转型，不是概念的简单转化，而是教师培养培训活动所有要素的转变。

二、教师教育转型的背景

教师教育转型何以发生？分析教师教育转型的社会背景和教育背景，能帮助我们更好地掌握教师教育发展的规律和趋势。

教师教育自诞生之日起，就处在不断的转型和变革之中。西方发达国家的教师教育转型早于我国并且对我国产生了重要影响。西方国家的教师教育转型开始于19世纪末，具体表现为教师教育机构由师范学校向师范学院转型。转型的主要原因是西方国家经济社会发生了巨大变化，初等教育的普及化和中等

① 黄崴. 教师教育体制国际比较研究. 广州：广东高等教育出版社，2002：46.

② 潘懋元，吴玫. 从师范教育到教师教育. 中国高教研究，2004（7）：13-17.

③ 钟启泉，王艳玲. 从“师范教育”走向“教师教育”. 全球教育展望，2012（6）：22-25.

教育的快速发展使得主要培养初等学校师资的师范学校难以满足教育发展对教师数量及质量提出的要求，进而向师范学院转型。二战后，社会变革和科学技术的发展对人才素质和教师素质提出来了更高的要求，尤其是要不断提高教师的学术水平和教师教育的学术质量，使得教师教育机构再次转型，从师范学院向综合性大学的教育学院转型。美国、英国、法国等国家相继实现了教师教育机构转型。

我国的教师教育转型开始于20世纪90年代，由独立、封闭的师范教育逐步向开放、多元的教师教育转变，主要有以下四个特征。一是突出教师教育的专业化。1993年《教师法》规定“教师是履行教书育人职责的专业人员”，从法律上明确了教师的专业地位，培养专业化教师是我国教师教育改革的价值追求。二是强调教师教育的多元化。教师教育体系打破传统师范院校“一家独尊”的局面，在师范院校之外，鼓励和支持综合性高校参与中小学教师的培养和培训工作，使得教师教育机构多元化，相互竞争，相互促进，共同提高教师教育的质量。三是追求教师教育的大学化。随着我国教育事业的发展和教师教育矛盾的变化，教师教育的层次提升成为现实所需。1999年教育主管部门对师范院校布局工作做出安排，明确提出师范教育层次结构由三级师范逐步向二级师范过渡，中师退出历史舞台，师专升格为本科院校。四是实现教师教育的一体化。1995年《教育法》规定“建立和完善终身教育体系”，终身教育理念加快了职前培养与职后培训一体化的进程，教育学院、教师进修学院或并入师范院校或转型更名为师范院校，参与教师职前培养和职后培训的全过程。除此之外，教师教育管理模式等方面也发生了改变。

根据组织变革理论对变革动力因素的分析思路，我国教师教育的转型主要受到以下因素影响。

第一，社会转型。人类以往的历史表明：当社会发生大的转型时，必然要求教育发生相应的变革。[①]社会转型涉及社会政治、经济、文化、教育等多个方面。20世纪90年代，全球化、信息化浪潮席卷全球，资本、技术和人员等生产要素和产品销售突破地区与国家局限，在全球范围内流通和竞争，全球化使得各国更加重视对人才的开发和竞争；同时，第三次产业革命使世界经济由

① 叶澜，李政涛，等. “新基础教育”研究史. 北京：教育科学出版社，2010：156.

工业经济进入知识经济，知识的生产、加工、传播和应用等成为经济增长的重要源泉。特别是以计算机网络为核心的科学技术的发展，对社会生活产生了重要影响，改变了人们的思维方式，对人才素质提出了新的要求，尤其关注人的创新精神和实践能力。培养高素质的人才，需要高质量的教育；高质量的教育，需要高素质的教师；培养高素质的教师，需要变革传统的教师培养目标、模式、体系，构建新的教师教育制度。从某种意义上，社会转型是因，教师教育转型是果。

第二，教育变革。教师教育转型不仅受到社会转型的影响，而且受到教育变革的影响。教师教育与教育系统内的各个层次或部分都有关联。教师教育主要为基础教育培养、培训教师，要适应基础教育阶段实施素质教育和新课程改革的要求，满足基础教育对教师的数量和质量需求；与此同时，中等教育与高等教育的发展变化有关，会对身处其中的教师教育产生影响。教师教育处于适应性变革之中。首先，基础教育结构的变化和素质教育的实施会带来教师教育供求矛盾的变化。中华人民共和国成立以来，尤其是改革开放以来，政府大力发展教育，使得我国教育规模有了较大发展，满足了我国社会经济发展对人才的需求。20 世纪末期，经过党和政府的努力，普及九年义务教育的任务基本完成，经济发达地区开始普及高中教育，中等教育的发展问题得到重视和关注。随着教育层次的提升，教师培养的层次也不断提升。计划生育政策的实施，使得人口高峰在 20 世纪 90 年代开始回落。由于人口高位回落，小学入学人数较少，小学和初中教师的需求基本得到满足。与此同时，高中求学人数不断增加，高中教师的数量需求也随之增加，教育结构的变化引发教师层次结构的变化。另外，素质教育在中小学的深入开展，对教师素质提出新要求，在满足教师数量的基础上需要不断提高教师的素质。我国教师教育的矛盾不再是数量“足不足”的问题，而是教师质量“高不高”的问题，提高教师素质成为教师教育的主题。将教师教育纳入高等教育体系，实现教师教育大学化成为必然选择。其次，高等教育和教师教育的改革与发展对教师教育转型产生了直接影响。1999 年 6 月，第三次全国教育工作会议形成的决议中有两方面内容对教师教育转型产生了直接影响：一是鼓励综合性高校参与中小学教师的培养、培训工作；二是高等教育扩大招生规模。前者增加了中小学师资的供给，不仅传统的师范院校可以培养中小学教师，一些综合性高校也可以参与其中，期待两种类型的教师培养机构相互竞争，从而提升教师培养质量；后者使师范院校得以扩大规模、拓展办学空间，为其日后的综合化创造了机遇和可能。同时，高等教育规模的扩大，在保障教师供给数量的基础上，为提高教师教育的层次及质量提供了现实可能，进而为教师教育的专业化、开放化和一体化创造了条件。

三、教师教育转型的特征

我国自20世纪90年代开始的教师教育转型是教师教育系统的整体性、根本性转变，既顺应了世界教师教育发展的大趋势，也符合我国教师教育改革的客观需要。教师教育转型既是大势所趋，也是必然选择。当前，教师教育转型仍在路上。许多学者对教师教育转型的现实特征或未来走向进行了归纳和分析。2003年3月，教育部师范司在北京召开的“新时期教师教育改革发展的前瞻与对策”研讨会上将我国教师教育的变化概括为三个方面：“一是教师教育从封闭走向开放；二是职前教育与职后教育从分离走向一体；三是教师需求从单纯数的增长走向质的提升等等”①。顾明远教授对教师教育转型特征的概括在前两个方面与此表述一致，第三个方面他认为是教师教育制度的变化，从传统的三级师范教育制度向两级师范教育制度转变。②钟秉林将我国的教师教育发展趋势概括为四个方面：高学历和高素质的要求、多元化的教师来源、一体化的教师教育体系和专业化的职业特征。③蒋达勇对20世纪90年代以来我国师范教育改革的总结与钟秉林大致相同，他在钟秉林提出的四个特征基础上，补充了教育手段形式的现代化特征。④程茹从八个方面详细概括了20世纪末21世纪初我国教师教育发生的变化：一是教师教育体系由封闭走向开放；二是教师学历层次提升；三是教师教育日益法治化；四是强调教师的专业地位；五是人才培养中学科教育与专业教育走向分离；六是构建教师教育机构与中小学协同培养机制；七是构建符合时代要求的教师教育课程体系；八是加强教师职前培养和职后培训一体化。⑤

---

① 刘东敏，徐金明. 新时期教师教育改革发展的前瞻与对策：“教师教育改革与发展研讨会”综述. 高等师范教育研究，2003（4）：1-7.

② 顾明远. 我国教师教育改革的反思. 教师教育研究，2006（6）：3-6.

③ 钟秉林. 教师教育的发展与师范院校的转型. 教育研究，2003（6）：22-27.

④ 蒋达勇. 困厄与突围：转型期我国教师教育改革的反思与建议. 高教论坛，2009（3）：42-45.

⑤ 程茹. 多源流框架下教师教育协同创新政策议程分析. 山西师大学报（社会科学版），2016（1）：103-108.

不同学者对我国教师教育改革的特征描述略有差异，但观点基本一致，从宏观视角分析，我国教师教育转型具有三个典型特征。

第一，教师培养目标的专业化。教师教育是培养培训师资的专门性教育活动，培养什么样的教师决定和引领着教师教育的方向，对教师教育活动其他环节有着重要影响。教师教育转型首先表现为教师培养目标的转变，由培养大量合格的经验型教师向培养数量充足的专业化教师转变。按照经济学原理，需求决定供给，社会和教育发展需要什么样的教师，教师教育就应该培养所需要的教师，这不仅体现在教师的数量上，更应该体现在教师的质量上。教师培养目标的确立既取决于一定时期社会进步和教育发展对人才及教师素质的要求，也取决于当时教师教育自身的发展水平和面临的主要矛盾。在近代社会之前的“经验的教育”阶段，教师个人通过观察、学习、模仿和感悟等方式积累生产、生活与从教经验，没有专门的机构和制度来培养教师。18 世纪工业革命以后，随着国民教育体系的建立和义务教育的普及推广，“经验的教育”逐渐被“科学的教育”取代。在此背景下，经验型教师难以有效胜任教学，“自然形成”的教师培养机制被“教育形成”的教师培养机制替代，专门机构培养教师的师范教育应运而生。师范教育主要传授专门知识以及帮助学生积累教育经验，且更重视“教什么的知识”而非“怎么教的知识”，其培养目标是能登台上课的“工匠型”“技术型”教师。20 世纪 50 年代以后，社会经济发展、科技进步和教育变革对人才培养提出了更新、更高的要求，进而要求不断提高教师素质。随着对教师数量的需求逐步得到满足，教师素质的提升成为教育发展的主要问题。教师不仅需要掌握相关学科的知识，更需要掌握教育教学的相关知识，教师不是传递知识的工匠，而是发现和创造知识的实践者，具备顺利完成教育工作所需的专业知识、专业技能、专业道德等成为教师的从业资本，专业型教师成为当代教师培养目标。[①]专业化教师培养的目标逐渐形成。

专业化教师的理念源自联合国教科文组织和国际劳工组织在 1966 年联合发表的《关于教师地位的建议》所强调的“教育工作应被视为专门职业”[②]。教育这种专门职业有其条件：必须经过严格而持续不断的训练；具备专业知识和专门技能；能利用专业知识和专门技能为公共服务。此观点一经提出，就被

---

① 陈晓端，龙宝新. 理解专业型教师：历史的审视与现实的观照. 教育科学研究，2008（S1）：5-9.

② 日本筑波大学教育学研究会. 现代教育学基础. 钟启泉译. 上海：上海教育出版社，1980：443.

广泛传播，“教师专业”被广泛关注，国际上兴起了“教师专业化运动”。其实，早在1947年，我国学者李建勋就呼吁，科学的教育要求教育与医师、律师、工程师一样成为专业，从教者须接受充分的训练方能胜任工作。教师专业化意味着教师职业的从业资格、素质要求、培养方式和社会地位的变化，教师需要在专门的教师培养和培训机构，经过严格的培训和选拔，掌握扎实的教育教学知识和学科知识，方能从事教育教学活动。

我国自改革开放至20世纪末，教育规模迅速扩大，中小学学校对教师需求量巨大，教师队伍建设的重点是解决“够不够”的问题，即数量问题。1985年颁布的《中共中央关于教育体制改革的决定》提出，为有步骤地在全国实施九年义务教育，必须“建立一支有足够数量的、合格而稳定的师资队伍”，教师教育的重点是满足教师数量需求，提升教师学历水平。因此，对教师的学历要求和专业技能要求偏低。在“普九”任务基本完成以后，对教师需求的重点发生了转移，教师队伍建设的重点是解决“优不优”的问题，即质量问题，培养专业化的教师成为我国教师教育改革的目标追求。教师教育所培养培训的专业化教师，不仅要具备一定的学科知识和学历，而且要掌握科学的教育方法和娴熟的教育教学技能，应该如同医生、律师一样成为专业人员，具有不可替代性。由此，师范院校围绕专业化教师培养目标开展一系列改革，比如人才培养模式改革、教师教育课程体系改革，加强教育实践，使师范生不仅具有系统的理论知识，更要具有扎实的教育教学技能，从而不断提高教师教育质量。

第二，教师培养体制的开放化。教师教育体制是教师教育机构和教师教育规范的结合体或统一体。从这个角度来分析世界范围内教师教育的发展过程可以发现，教师培养体制转型的轨迹是由独立封闭走向多元开放的。自1681年法国“基督教兄弟会”神甫拉萨尔在兰斯成立第一所师资培训学校到20世纪50年代，世界主要国家形成了独立封闭的师范教育体系。[①]我国自1897年南洋公学师范馆的设立到20世纪90年代初，也是独立封闭的师范教育体系。独立封闭的师范教育体系的典型特征是培养机构的单一性和培养方式的定向性。培养机构的单一性是指只有师范院校才有资格培养教师，具体包括师范专科学校、师范学院和师范大学，其他院校被排除在教师培养范围之外，这使得师范

① 张燕镜. 师范教育学. 福州：福建教育出版社，1995：125-127.

院校缺少竞争意识，教师培养的文化环境单一，不能充分利用其他院校的学术资源，导致教师队伍来源单一；定向的培养方式是指师范院校按照专门计划招生，师范生毕业后只能在中小学就业，这能稳定中小学师资培养的数量，加强师范生教师职业道德的熏陶，但缺乏就业和竞争压力使得师范生学习懈怠，师范生素质不能得到有效保证。针对这些不足，世界各国开始进行教师教育体制改革，打破师范教育的单一性和封闭性，拓展教师培养渠道，优化教师教育资源。西方一些国家在20世纪50年代开始实现教师教育机构转型，师范院校被改为综合大学，或并入综合大学成为其中的师范学院或者教育学院，教师培养从师范院校转移到综合大学。作为后发外生型国家，我国一百多年的师范教育历史演进的主要特征是移植和模仿：1904年，我国参照日本学制颁发的《癸卯学制》建立了独立的师范教育体系；1922年至中华人民共和国成立前，我国参照美国学制，形成了独立设置的师范院校和综合大学并存的教师教育体系；中华人民共和国成立后，我国向苏联学习，再次独立设置了师范教育体系。1952年7月，《师范学校暂行规程》和《关于高等师范学校的规定》正式颁发，标志着我国独立的三级师范教育体系形成。20世纪90年代以来，随着我国由计划经济向市场经济转型、由应试教育向素质教育转型，独立封闭的师范教育体系表现出越来越多的不适应性，难以满足社会政治经济文化和教育发展对教师提出的新要求。为应对国际竞争、提升我国的国民素质和人才竞争力，我国需要改革传统的师范教育体系，构建多元、开放、竞争的教师教育体系。1999年，教师教育发展的相关政策发生重大变化，在加强师范院校改革的基础上，鼓励非师范类高校（尤其是综合大学）试办师范学院，参与中小学教师的培养培训工作。这意味着多元开放的现代教师教育体系正式得到政策的认可和推动。在政策的推动下，许多没有师范教育传统的综合性大学或学院以及由师范学院合并组建而成的综合性大学纷纷参与教师培养。1997—2002年，全国独立设置的师范院校从232所减少到203所，与此同时，承担教师教育任务的非师范类大学从77所增加到258所，占培养教师院校总数的54%。[①]由此可见，师范院校与综合性大学共同培养教师的格局已经形成。

第三，教师培养过程的一体化。根据波特（J. Porter）提出的“师资三段

① 中华人民共和国教育部发展规划司. 中国教育统计年鉴2001. 北京：人民教育出版社，2002：24.

培训法”①，完整的教师教育应该包括职前教育、在职教育和职后教育三个阶段，人们一般将其概括为职前培养和职后培训两个阶段。教师教育转型就教师培养过程而言，其趋势是职前培养与职后培训从分离走向一体。师范教育的应有之义是职前教育、在职教育和职后教育的统一②，但在实践中，职前培养和职后培训是分离的，这与承担相应任务的机构不同有关：师范院校是师范教育的主要实施机构，主要承担的任务是师范生的职前教育；教师进修学校和教育学院主要承担的任务是中小学教师的学历提升和职后继续教育。不同机构在不同阶段承担着不同任务，培养和培训分离的机制因两种机构在师资水平上存在差异及在培养过程中存在衔接问题而影响教师培养培训的质量，尤其是职后培训主要是学历提升，其主要内容是教育理论知识的传授，缺乏真正有效的实践技能训练，与职前培养存在内容重复、功能重叠的问题。职前培养与职后培训分离的培养模式难以培养专业化的教师，导致教师素质难以适应课程改革和素质教育的要求。就现实而言，职前培养和职后培训的一体化不仅必要而且可能。我国师范院校布局结构调整，许多教师进修学校和教育学院并入师范大学或转型为师范院校，这些院校不仅继续承担教师职后教育和继续教育的任务，而且具有职前教师培养的职能。师范院校职前培养和职后培训的统一，能有效克服培养机构和培养过程分离带来的弊端，提高教师培养培训的质量。教师教育一体化的实现，是学习型社会对教师专业发展的必然要求，也是终身教育理念在教师教育中的体现。

四、教师教育转型对师范大学所在场域的影响

教师教育转型是教师教育系统整体性的、根本性的变革，教师教育转型必然对教师教育系统内的诸要素产生影响。师范大学身处教师教育系统之中，教师教育转型必然对师范大学产生影响。

第一，教师教育转型导致师范大学在教师教育体系中的地位发生变化。在教师教育转型之前，我国是独立封闭的师范教育体系。各层次师范院校为不同层次和类型的学校培养教师，是教育的唯一主体。其他院校被排除在教师教育

---

① 杨之岭，林冰. 詹姆士·波特论“师资三段培训法”. 比较教育研究，1980（3）：14-15.

② 顾明远. 教育大辞典：增订合编本下卷. 上海：上海教育出版社，1990：3.

领域之外，师范院校独享教师教育资源，可以说，师范院校对教师教育具有垄断性。但是，由独立封闭的师范教育转向开放多元的教师教育，意味着师范院校对教师教育的垄断局面被打破，综合性大学和其他院校也可以参与教师教育，这就使师范大学过去所拥有的唯一地位和世袭领地被改变。师范大学的生存环境发生了改变，师范大学不仅需要同师范院校争夺教师教育资源，而且需要同其他院校一起参与教师教育的竞争，凭借自身的竞争力获取教师教育资源。虽然师范大学拥有举办教师教育的传统和经验，但长期以来面向中小学教育的办学格局，使其学科和专业建设水平有限，人才培养模式固化，缺乏创新的动力和压力，“师范性”和“学术性”难以有效融合，形成了“师范性不强、学术性不足”的局面。这导致师范院校培养的师范生与综合性大学培养的非师范生相比，在教育理念、教育专业知识技能和素养方面并无明显优势，反而在学科专业知识的储备上处于劣势。这使得师范院校的毕业生发展后劲不如综合性大学毕业生，一些中小学因而更倾向于招聘综合大学的优秀毕业生。教师教育转型意味着封闭的教师教育场域转变为开放的教师教育场域，场域中的行动主体多元化，与此相关的是师范大学在其中的位置也发生了变化。师范大学在教师教育中不再具有唯一或垄断地位，原来依靠政策所享有的政策优势丧失，反而使得过去依赖政策保护所形成的弱点在开放的教师教育体系中进一步凸显或放大，这就意味着师范大学在教师教育转型中既面临着发展空间拓展的机遇，也面临着新环境带来的挑战，需要在开放的教师教育体系竞争中求得生存和发展。这就要求师范院校转变传统办学观念，找准自身办学定位，谋求新的发展思路，提升师范大学的综合竞争力。

第二，教师教育转型要求师范大学重新选择办学定位和发展策略。教师教育转型使得师范大学由过于封闭的高等师范教育体系进入更加广阔的高等教育体系中，所在场域的边界拓展，场域内的游戏规则也做出改变，师范大学的生存与发展策略应做出相应转变。对于师范大学而言，最关键的问题是立足新的环境和规则，开展办学定位和战略选择工作。在独立封闭的师范教育体系中，师范大学的办学定位清晰明确，即培养中小学师资的教学型院校，部分重点师范大学则定位为教学研究型院校。在高等教育体系中，师范大学要遵循其发展规律，在人才培养、科学研究和社会服务三方面展示自己的业绩与竞争力，尤其是在市场经济体制下，高等教育的资源配置主要依靠学校的竞争力来获取，相比人才培养而言，科学研究能力和社会服务能力对高校生存与发展能力的影响更大。师范大学主要面向中小学培养师资，在高等教育资源竞争中处于不利地位，固守传统的办学思路必然被淘汰，这就要求师范大学在教师教育转型的背景下，根据学科发展规律和教育发展趋势重新进行办学定位与战略选择。

第三，教师教育转型会影响教师教育在师范大学中的地位。在师范教育体系中，教师培养以院校形态而存在，教师教育是师范大学的中心工作和唯一任务，师范院校的目标很明确，就是为基础教育培养合格师资。学校所有办学资源都投向教师教育领域，所有的机构和人员都参与教师教育活动，教师培养质量成为评价师范院校办学水平的唯一指标。但是，在开放多元的现代教师教育体系中，教师教育作为一种教育形态存在于师范大学之中。师范大学虽然在名称上依然保留“师范”，但师范大学的性质和任务已不像师范教育时代那样“单纯”。师范大学虽然还承担着为中小学培养师资的任务，但不再以此为唯一使命，许多实力雄厚的重点师范大学逐渐向研究型大学发展。教师教育作为一种专业教育存在于师范大学中，意味着教师教育只是师范大学众多专业教育之一，不再具有唯一性和垄断性。师范大学不仅要开展教师教育，而且要开展其他专业教育。尤其是在市场经济体制下，在充满竞争性的高等教育体系中，师范大学要获得办学空间和资源，必须考虑不同教育形态的资源获取能力。教师教育因为其专业特殊性，相比其他专业教育，对学校办学实力的提升和办学资源的竞争贡献有限，教师教育专业的市场竞争力处于弱势，使得教师教育专业在师范大学发展格局中处于不确定的位置。虽然许多师范大学依然坚持教师教育的使命不动摇，但不可否认的是，教师教育在师范大学的办学格局中已退出中心地位，以“特色”的方式存在于师范大学之中。教师教育在师范大学中地位的改变对师范大学的办学格局提出了挑战，如何给教师教育合理定位，如何进行学科调整和资源分配，在维持或强化教师教育特色的同时提升师范大学的竞争力成为师范大学发展中无法回避的现实问题。“学术性”与“师范性”之争在教师教育转型的背景下重新显现，演变成为师范大学发展的“综合”与“特色”路线之争和教师教育在师范大学中的“位置”之争。

教师教育转型带来师范大学生存和发展场域的改变、师范大学办学定位和发展战略的调整以及教师教育在师范大学办学定位中的地位改变，将师范大学带到了一个更加广阔和竞争激烈的场域。因此，师范大学要根据新的生存环境和游戏规则，选择合适的办学定位和发展策略。正如美国社会学家伯顿·克拉克所言："竞争的状态能激励一些院校像企业那样去寻找特色，并从中取得利益。"[①]师范大学与其他院校不仅要在教师教育体系中竞争教师教育资源，而且要在高等教育体系中竞争教育资源。这必然对师范大学的办学定位、学科结构、人才培养模式、教师教育管理体制和运行机制产生影响，师范大学需要通过转型来应对这些挑战。从这个意义上而言，教师教育转型要求或触发了师范大学转型。

第二节 师范大学综合化背景下的组织变革需求

师范大学身处教师教育体系之中，教师教育的转型影响了师范大学的生存环境，要求或促进了师范大学的转型，但这不是唯一因素，师范大学转型是多种社会需要共同作用的结果[②]。师范大学在转型无法回避的情况下，如何选择转型方向和转型路径就成为生存与发展的关键问题。在比较并借鉴他国经验和反思自我优势与可能条件的基础上，大多数师范大学选择向综合性大学转型。师范大学综合化办学对其内部的教师教育组织机构提出了变革诉求，要求建立与之相适应的教师教育管理体制和运行机制。

一、师范大学转型的背景

关于师范大学转型的背景或动因，比较普遍的看法是"教师教育的转型导致了师范院校必须转型"[③]。将教师教育转型视为师范院校转型的直接诱因，这是有其合理性的，因为师范院校是教师教育系统中的组织机构，教师教育转型意味着教师教育系统所有要素都要发生变化，教师教育是师范大学的外部环境，当师范大学所处的外部生存环境发生改变时，师范大学自然应该随机应变。但仅从教师教育转型的角度分析师范大学转型的原因，确有片面、简单之嫌。唯物辩证法指出，事物变化是内因和外因共同作用的结果。师范大学转型

---

① 伯顿·克拉克. 高等教育系统：学术组织的跨国研究. 王承绪，等译. 杭州：杭州大学出版社，1994：254.

② 吴跃文. 论高师院校转型. 浙江社会科学，2003（4）：96-100.

③ 钟秉林. 教师教育转型研究. 北京：北京师范大学出版社，2009：64-74.

也是如此。就内部因素而言，主要是师范大学发展过程中所形成的与教师教育和高等教育发展不相适应的问题构成了师范大学的生存危机、发展危机，维持组织的生存与发展是师范大学转型的内在动力和根本原因，涂尔干曾指出，"组织一旦形成就具有自己的生命，生存就会成为其重要目标"[①]；就外部因素而言，主要是社会经济发展和高等教育改革给师范大学带来的新问题和新挑战，使得师范大学必须转变原有发展模式，这是转型的外部动力。因此，全面剖析师范大学转型的背景，需要从内外两方面因素来分析。

首先，教师教育改革给师范大学带来新的挑战。世纪之交，随着经济全球化和知识经济的到来，科学技术和教育的发展对教师素质和教师教育提出了新要求：不断提高教师培养的学历层次和教师专业素质，教师不仅要达到一定的学历标准，而且要具有先进的教育理念、扎实的专业知识、熟练的教育技能、深厚的教育情感等，只有专业化高素质的教师才能培养适应社会变革和全球竞争的高素质人才；终结性的职前教师培养难以适应知识爆炸和技术革新的挑战，教师需要终身学习，不断更新理念、知识和技能，教师教育需要职前职后一体化；政府鼓励非师范类高等院校尤其是综合大学参与中小学教师培养培训的政策使得教师来源多样化，独立封闭的师范教育被多元开放的教师教育取代，师范大学世袭的领地被侵占，高等师范院校面临越来越多的挑战。2005年，培养本专科师范生的综合性非师范院校达到207所，这些学校培养的师范毕业生占到全国师范毕业生总数的35%，成为我国教师教育的重要力量。[②]教师教育呈现出的高学历和高素质的要求、多元化的教师来源、一体化的教师教育体系和专业化的职业特征，要求师范大学在终身教育理念下，系统规划教师的专业发展，改革人才培养目标、模式、课程与管理。师范大学需要从战略的高度把握发展机遇，寻找新的发展模式来应对挑战。

其次，高等教育改革对师范大学提出新的要求。独立封闭的师范教育体系对师范大学既是保护也是束缚，将师范大学限定在教师教育领域，虽然保护了师范大学从事教师教育的特权免受其他院校的侵犯，但也限定了师范大学发展的空间，弱化了师范大学的竞争意识。社会主义市场经济体制的建立，高等教

---

① 爱弥尔·涂尔干. 教育思想的演进. 李康，等译. 上海：上海人民出版社，2003.

② 教育部2006年第19次新闻发布会介绍我国教师队伍建设的最新情况和第22个教师节的活动安排. http://www.moe.gov.cn/jyb_xwfb/xw_fbh/moe_2069/moe_2096/moe_2206/ moe_2297/tnull_17182.html.

育招生就业制度的改革、办学体制的改革、管理体制的改革等使得政府与高校之间的关系发生改变，政府转变职能，主要通过政策、立法、规划、拨款和评估等方式对高校实施宏观管理，高校办学自主权逐渐扩大。伴随着权力扩大，高校责任也相应增加，高校需要在高等教育市场中公平竞争高等教育资源，师范大学也不例外。师范大学需要按照高等教育市场规则竞争教育资源，包括教师教育资源，这对师范大学提出了新要求。师范大学传统的“主业”是为中小学培养师资，其具有公益性和基础性，且其市场化和商业化的潜力有限，很难从市场上谋取经济利益，在教师教育开放化的背景下，师范大学失去了原有的政策保护，在与其他高校竞争时处于弱势地位。在高等教育大众化的进程中，尤其是在现有财政拨款方式下，局限于面向中小学的文理学科格局难以增强师范大学的竞争力，因此，师范大学只能打破原有学科格局，发展应用学科和交叉学科，转型为综合性大学。

最后，弥补师范大学自身不足是转型的根本原因。师范大学在长期排他性教师教育体系和独立设置的高等师范院校体制下形成的狭隘、封闭的意识是师范大学危机的真实根源。因为这些问题不解决，师范大学自身的短板不能得到有效弥补，不管教师教育是否转型，师范大学都将面临生存危机。这是师范大学发展的根源性问题，教师教育转型只不过加重了原有的危机和压力。传统师范大学职能单一，主要培养中小学师资；学科和专业范围狭窄，学科和专业水平有限；被动发展，主动竞争意识淡薄；满足市场需求能力和资源竞争能力有限。这些因素导致师范大学综合实力有限，在高等教育体系中处于不利地位，这从高等教育重点发展政策中可以得到体现。在 39 所“985 工程”高校中，仅有北京师范大学和华东师范大学；在 116 所“211 工程”高校中，仅有 12 所师范大学。师范大学如果不弥补这些不足，就难以适应现代化建设的要求，难以在竞争中具有优势，难以培养适应素质教育要求的现代人才。

由此可见，高校自身的发展逻辑、社会经济发展的需求逻辑和国家的意志逻辑三种力量交互影响，共同造就了师范大学所处的复杂环境：一方面，传统封闭的师范教育体系已经打破，师范大学已经丢失在教师教育领域所拥有的垄断地位；另一方面，师范大学所处的生存环境已经发生变化，师范大学在教师教育领域的空间被综合性大学侵占的同时，也获得了以前师范院校不曾拥有的高等教育体系中的广阔空间，师范大学发展是机遇与挑战并存，需要在新的环境下寻找合适的功能定位和发展策略。[①]因此，转型是师范大学的必然选择。

二、综合化作为师范大学转型的战略选择

虽然教师教育转型推动师范大学融入高等教育体系，但其依然身处教师教育的场域中，只不过综合大学和其他院校闯入了师范大学原本相对稳定的“领域”，师范大学原有的部分政策保护已不复存在，其发展必须面向市场、参与竞争。此时，选择何种发展模式和发展路径就成为师范大学面临的重大选择。在比较借鉴和客观分析的基础上，师范大学将综合化发展确定为战略选择。首先，主要发达国家教师教育机构的转型为我国师范大学的综合化转型提供了经验和启示。世界范围内专门机构培养教师的活动起源于法国，受其影响，普鲁士等国也相继建立了师资培训学校来培养教师。教师培养机构的演变与社会发展对人才要求的提高以及教育发展对教师要求的提高密切相关。欧美发达国家教师教育机构主要经历了师范学校、师范学院和综合性大学教育学院三个发展阶段。19 世纪末 20 世纪初，西方国家初等教育迅速普及，中等教育也得到了快速发展，对教师的数量和质量要求也随之提高。原来主要培养初等学校教师的师范学校已不适应社会变化和发展的需求，于是师范学校向师范学院转型。二战后，社会对劳动者知识和技能的要求不断提高，这就要求在教师培养过程中延长学习时间，加强教学技能训练，提高教师的学历和知识水平。因此，20 世纪 50 年代以后，许多师范学院并入综合性大学，成为教育学院，实现了教师教育大学化的机构转型。许美德通过比较发现，从世界范围来看，向多科性、综合性大学转型实际上是高师教育发展的一种大趋势。[②]虽然我国与西方国家的文化传统和教育发展水平不同，不能完全照搬、复制西方国家教师教育的历史，但西方国家教育机构的演变历程至少揭示了教师教育发展的趋势。我国教师教育发展也应顺应这种趋势，师范大学转型为综合性大学是一种可行的选择。

其次，综合性大学的办学优势为我国师范大学的综合化提供了启示。在教师教育转型和高等教育管理体制改革深化的背景下，高等师范院校的转型已成

① 钟秉林. 关于师范大学改革和发展几个问题的思考. 教育与职业，2011（32）：5-8.
② 许美德，查强. 师范教育与大学:比较分析及其对香港的启示. 北京大学教育评论，2003（2）：24-32.

共识。但如何转型，即转型的目标和路径选择则众说纷纭。主张师范大学综合化的理由之一就是，综合性大学具有的办学优势能够弥补师范院校教师教育存在的弱点和不足，不仅可以利用多学科高水平的优势提升师范生的学科水平，为教师未来的专业发展奠定扎实的学科基础，而且可以利用综合性大学的整体优势吸引优秀生源，改善教师教育办学条件，提升学校的综合实力。这既遵循了高等教育的逻辑，也遵循了教师教育的逻辑，有利于师范大学适应两种不同场域的规则，获得较好的发展机会。综合性大学学科专业齐全、师资力量雄厚、科研实力强劲、办学资源丰富，相较于师范大学与单科性院校而言，在排行榜和学校声望上占据优势，能吸收更多的优秀青年选择教师职业，进而提升师范生的生源质量；综合性大学在市场上获取资源的能力和在高等教育系统中的竞争力较强，发展空间更大，有较多资源用于人才引进、学科建设和仪器设备配备上。这些资源和优势都能成为师范生培养所需要的物质资源及文化资源，能够提升师范生的学术水平达到“大学”水准。综合性大学所具备的这些比较优势，虽然不一定能转化为实际优势（因为综合性大学举办教师教育的水平，关键取决于校内教师教育的管理体系和运行机制），但这些潜在的比较优势无疑构成了师范大学向综合化转型的诱因。与此同时，少数师范大学不仅在教师教育方面积累了丰富经验，而且其基础文理学科经过长期发展也具备了一定实力，这些都为师范大学转型提供了可能性。况且，20 世纪 20 年代，一批高等师范院校改为综合性大学，这也为师范大学综合化转型提供了历史经验。

最后，我国教育政策的调整为我国师范大学的综合化创造了条件。美国政策学者伊斯顿认为，政策是对一个社会进行的权威性价值分配，价值是各种可以被用来分配的物质或非物质的事物，比如“权力”“利益”等。[①]教育政策的实质是对教育资源进行分配和再分配。教育政策的变化和调整意味着教育资源配置方式的变化，高校作为资源依赖型组织，需要根据政策的变化调整自身战略，以获取更多的办学资源，提升学校的竞争力。

第一，高校办学自主权的扩大为师范大学选择综合化的发展路径提供了可能。20 世纪 50 年代“院系调整”之后，我国形成了与高度集中的计划经济体制相适应的集权型高等教育管理体制，以及封闭的师范教育体系。在这

① 戴维·伊斯顿. 政治体系：政治学状况研究. 马清槐译. 北京：商务印书馆，1993：122-138.

个体系中，中等师范院校主要培养小学教师，高等师范专科学校和师范学院主要培养小学和初中教师。师范院校的办学目标被严格限定在中小学师资培养领域，师范院校的招生、专业设置、教材编写、学生就业等都需要遵照教育行政部门下达的计划指令执行，师范大学自主与其说被保护，不如说被限定在有限的发展空间里。1985年，《中共中央关于教育体制改革的决定》打破了高等教育集权管理体制，政府权力下放，开始扩大高校办学自主权。1992年，党的十四大确立了市场在经济发展中的基础性地位，政府集中管理高等教育的现象有所改变，高校的办学主体地位逐步得到确立，其获得的办学自主权越来越多。1998年制定的《中华人民共和国高等教育法》明确规定，高校享有“自主调节系科招生比例”“自主设置和调整学科、专业”等七个方面的办学自主权，这为师范大学在后来的高等教育变革中自主选择办学方向提供了契机。

第二，一系列允许或鼓励非师范类高校，尤其是综合性大学参与教师教育的政策出台，为师范大学开办非师范专业、走向综合化提供了政策空间。独立封闭的师范教育体系赋予师范院校开展教师教育的“特有权力”，但同时也将师范大学的发展空间限定在教师教育领域内，使其失去了更广阔的发展天地，其办学格局和竞争能力颇为有限。市场经济体制的建立、高校办学自主权的逐步扩大、高校招生体制和就业体制的改革，促使国家认识到教师教育体制也应进行相应变革。因为原来封闭的师范教育体系越来越显现出不适应性，需要引入市场竞争机制，扩大教师教育主体的类型，建立开放多元的现代教师教育体系。早在1986年，国家教委发布的《关于加强和发展师范教育的意见》就提出，为实现中学教师来源的多样化，综合性大学和有条件的其他高等院校都可以参与培养中等教育师资。之后，政府发布的多项有关教师教育发展的政策都遵循这一原则：鼓励综合性大学和非师范类高校参与教师培养培训。在高等教育体系中，教师教育向综合性高校开放；同理，综合大学的办学模式也应向师范院校开放。师范大学也可以开办非师范专业，尤其是与市场需求联系紧密的专业，从教师教育体系迈向更加广阔的高等教育体系，参与教育资源的竞争。在我国高等教育大众化的进程中，尤其是高校扩招，激发了师范大学拓展办学空间、开办非师范专业的内在动力，也为师范大学综合化创造了有利机遇。

第三，本科专业目录的调整为师范大学开办非师范专业、走向综合化提供了条件。与基础教育不同，高等教育开展的是专业教育，以专业为单位开展人才培养是高校基本的组织模式，专业目录是高等教育工作的基本指导性文件之一，它影响着高校的招生、教学、学位授予、就业指导和教育教学资源的分配等活动。本科专业目录调整涉及利益和资源的分配，对高校的发展战略和办学行为具有导向及调控作用。1954 年颁行的《高等学校专业目录分类设置（草案）》是新中国第一份专业分类目录，在“教育部门”中划分出“大学”和“高等师范”两大部分，其中“大学”包括社会科学类、语言科学类和自然科学类（共 46 个学科专业），这些专业只有综合性大学可以开设，高师院校只能开设高等师范所包含的专业，两者之间的专业界限是非常清楚而严格的。1988 年颁布的《普通高师院校本科专业目录（征求意见稿）》，对普通高师院校的 22 个本科专业进行了修订，在原有专业名称的后面添加了“教育”二字，进一步凸显师范院校的办学性质和培养目标。与此相关，1993 年开始实施的《普通高等学校本科专业目录》在与中学任教学科对应的专业名称后也添加了“教育”二字，使之与综合性大学的相关专业有所区别。在 1998 年颁布的《普通高等学校本科专业目录》中，师范专业除教育学、学前教育、特殊教育和体育教育专业外，还大量并入综合性大学相关专业，在专业名称后面加括号标注“师范方向”，如汉语言文学（师范方向）。这次专业目录调整是在我国高等教育管理体制改革深化的背景下，力图解决专业设置过窄、过细的问题，扩大学生的专业适应面，提升学生的社会适应能力。专业目录的调整与变化，看似专业名称的变化，实则是教师培养在大学中的专业地位的变化，师范专业不再是一个独立专业，而是其他专业的附属品。政策调整模糊了师范专业与非师范专业之间的界限，使师范院校与综合大学的专业设置有了趋同的可能，这就为后来师范大学设置和开办非师范专业创造了条件，加速了师范大学的综合化进程。①

三、师范大学综合化已成客观事实

师范大学发展成为综合大学的教育学院是西方国家教师教育大学化的主要

① 李学农. 师范大学综合化与教师教育专业化. 江苏高教，2005（2）：76-78.

路径之一。在我国，师范大学虽然仍保留“师范”的名称，但从办学定位、学科结构和专业设置来看，师范大学综合化已成客观事实。

（一）办学目标趋向综合化

“凡有发展意图和求进取向的社会组织，其有效管理行为均起始于准确的组织定位。”①人类的活动都是有目的有意识的，把学校办成什么样，培养什么样的人才，决定着学校的发展方向，对学校未来发展有着引导作用。高校的办学目标是高校办学定位和发展规划的重要内容，对学校发展起着导向和引领作用，对学校的办学理念、发展战略、资源配置等有着重要影响。办学目标的确定，既需要考虑社会政治、经济、文化等方面对高等教育发展的需求，又需要考虑高校现有的水平和条件，找准高校在高等教育系统中的合适位置和发展空间。在教师教育转型和高等教育管理体制改革的双重背景下，师范大学所处的内外部环境发生了巨大的变化，师范大学所在的场域有了新的变化：其在教师教育场域的空间有所压缩，但突破教师教育场域进入更大的高等教育场域，既要与师范院校、非师范院校竞争教师教育资源，也要与其他类型院校竞争高等教育资源。因此，师范大学自身需要突破传统思维，在政策许可的空间内确立适宜的发展目标，引领师范大学健康、快速和可持续地发展。因为教师职业的特殊性，在我国，教师教育不能完全由市场力量来支配，国家相关政策对教师教育和师范院校的发展偏向于保护的“特殊待遇”，政府主管部门高度重视教师教育和师范院校，不允许师范院校“脱帽”，师范大学虽然在名称上仍保留“师范”二字，但综合性大学的目标定位已成大势所趋。截至 2024 年 3 月 25 日，在 50 所师范大学中，有 16 所师范大学的发展目标中取消了“师范大学”和“教师教育特色”等相关表述，占师范大学总体的 32%；有 19 所师范大学在办学目标中明确提出“综合性”，占师范大学总体的 38%；仅有 16 所师范大学在办学目标的表述中含有“教师教育特色”或“师范大学”字样，占师范大学总数的 32%。教育部直属师范大学中，除华中师范大学和西北师范大学外，其余 4 所都明确提出建设“综合性”“研究型”高水平大学。由此可见，师范大学办学目标的“综合化”倾向已十分明显。50 所师范大学发展目标详细表述见表 3-1。

① 眭依凡. 大学校长的办学定位理念与治校. 高等教育研究，2001（4）：49-52.

表 3-1 师范大学发展目标一览表

序号	学校名称	发展目标定位
1	北京师范大学	综合性、有特色、研究型高水平大学
2	首都师范大学	建设成为有特色、高水平的师范大学
3	天津师范大学	建成国内一流的教师教育特色综合性大学
4	天津职业技术师范大学	建设成为国内同类院校领先、在国际上有较大影响、特色鲜明的职业技术师范大学
5	河北师范大学	建设成为教学研究型、综合性、高水平、有特色的新型师范大学
6	山西师范大学	建设成为办学设施优良、文化氛围浓郁、创新人才辈出、综合实力雄厚、社会影响广泛的高水平大学
7	内蒙古师范大学	建设成特色鲜明的教学研究型综合性师范大学
8	辽宁师范大学	教师教育特色鲜明的高水平综合性大学
9	沈阳师范大学	建设成为教师教育独具特色、服务基础教育贡献突出、支柱性学科专业省内一流，标志性学科专业全国一流的师范大学
10	东北师范大学	建成世界一流师范大学，其内涵是教师教育达到世界一流水平、若干学科达到国内一流水平，具有研究型、综合性、国际化的显著特征
11	吉林师范大学	以教师教育为特色，多学科协调发展的高水平师范大学
12	长春师范大学	建成国内知名、省内一流的教学型、综合性省属重点大学
13	哈尔滨师范大学	建成以教师教育为特色的高水平教学研究型大学
14	华东师范大学	建设世界知名高水平研究型大学
15	上海师范大学	以文科见长并具教师教育特色的文、理、工、艺等学科协调发展的综合性大学
16	南京师范大学	学校正着力建设“综合性强、办学特色鲜明、国内一流的教学研究型大学”，并为今后建成“有国际影响的高水平大学”奠定坚实基础
17	江苏师范大学	建设高水平、有特色、有品位的综合性教学研究型大学
18	浙江师范大学	建设成为特色鲜明、国内知名教学研究型大学
19	杭州师范大学	建设一所省内乃至国内一流综合性大学
20	安徽师范大学	特色鲜明的高水平大学
21	阜阳师范大学	建设高水平师范大学
22	安庆师范大学	建设特色鲜明的地方应用型高水平大学
23	淮北师范大学	建设特色鲜明的高水平师范大学
24	福建师范大学	建设特色鲜明的高水平综合性大学
25	闽南师范大学	办学特色鲜明、多学科协调发展的师范大学
26	江西师范大学	建设一所地方一流、特色鲜明的高水平师范大学
27	赣南师范大学	努力把学校建设成为区域领先、省内前列、全国同类院校知名的有特色高水平综合性师范大学
28	江西科技师范大学	建设成为具有“五大内涵”“三大特色”的全国一流职业技术师范大学

续表

序号	学校名称	发展目标定位
29	山东师范大学	建设国内一流的综合性师范大学
30	曲阜师范大学	建设人民满意的高水平有特色综合性教学研究型大学
31	河南师范大学	建设成为国内影响较大的具有教师教育特色的综合性教学研究型大学
32	信阳师范大学	建成多学科协调发展、特色鲜明的高水平师范大学
33	华中师范大学	建设成为教师教育特色鲜明的研究型高水平大学
34	湖北师范大学	努力创建特色鲜明、省属一流、高水平的地方应用型师范大学
35	湖南师范大学	具有教师教育特色、国内一流、国际上有一定影响的综合型大学
36	华南师范大学	建成国内一流、世界知名的研究型师范大学
37	广东技术师范大学	建成立足湾区、服务全国、面向世界的一流技术师范大学
38	广西师范大学	国内一流大学
39	南宁师范大学	建设成为区域特色鲜明的高水平师范大学
40	海南师范大学	建设成为特色鲜明的综合性教学研究型省重点大学
41	重庆师范大学	建成特色鲜明、西部前列、国内有重要影响的教学研究型师范大学
42	四川师范大学	建设成国内一流的教师培养培训基地和特色鲜明的教学研究型大学
43	西华师范大学	建设成以师范教育为基础的现代应用型高水平大学
44	贵州师范大学	建设教师教育特色鲜明、多学科协调发展的高水平教学研究型大学
45	云南师范大学	建成全国特色鲜明的高水平大学
46	陕西师范大学	以教师教育为主要特色的综合性研究型大学
47	西北师范大学	建设教师教育特色鲜明的全国高水平大学
48	青海师范大学	建设成为学科专业结构合理，教师教育特色鲜明，服务社会能力全面，藏汉“双语”教师培养培训突出，国内有影响、西部一流的综合应用型大学
49	新疆师范大学	建设成为“教师教育特色鲜明、中亚一流，在若干领域全国领先的教学研究型、综合性的高水平师范大学”
50	伊犁师范大学	建设成在区内外有重要影响的新时代高水平师范大学

（二）学科结构综合化

学科是大学的基础，是大学的人才培养、科学研究、社会服务职能的具体承担者。学科作为知识体系，是对知识分门别类的划分，现代学科发展呈现出既分化又综合的趋势。一所大学所涵盖学科门类的多少反映其办学格局和学科水平。在我国，学科门类的划分依据主要有两个：一是国务院学位委员会、教育部于2011年印发的《学位授予和人才培养学科目录（2011年）》把学科划分为13个门类（哲学、经济学、法学、教育学、文学、历史学、理学、工学、农学、医学、军事学、管理学、艺术学），主要适用于硕士、博士的学位授予、招生和培养；二是教育部于2012年9月印发的《普通高等学校本科专业目录（2012年）》把学科划分为12个门类，与《学位授予和人才培养学科目录（2011年）》相比，学科门类划分基本一致，不同的是增设了艺术学学科门类而未设军事学学科门类。传统师范院校的学科结构比较单一，主要面向基础教育的需要，一般设置文史数理化地生等人文和自然科学基础学科，这样的学科设置导致师范院校的学科结构难以优化，学术水平难以提升，制约和影响教师教育的质量。现在，许多师范大学在发展的过程中充分认识到学科结构单一对学校发展的制约，结合本校实际，不断加强学科建设，尤其是在学科结构调整方面力度较大，成效显著。经统计，师范大学的学科门类数为7—12个；50所师范大学的平均学科门类数是10个；38所师范大学的学科门类数为10个及以上，占50所师范大学的76%；2所师范大学涵盖的学科门类数最少，为7个；7所师范大学的学科最为齐全，涵盖12个学科门类。由此可见，师范大学学科发展的综合化格局已经形成。50所师范大学专业覆盖学科门类具体情况如表3-2和表3-3所示。

表3-2 师范大学专业覆盖学科门类一览表

序号	学校名称	所含学科门类
1	北京师范大学	哲学、经济学、法学、教育学、文学、历史学、理学、工学、农学、医学、管理学、艺术学12个学科门类
2	首都师范大学	文学、理学、工学、管理学、法学、教育学、艺术学7个学科门类
3	天津师范大学	文学、理学、教育学、历史学、法学、经济学、管理学、工学、艺术学9个学科门类
4	天津职业技术师范大学	工学、教育学、理学、管理学、经济学、文学、艺术学7个学科门类
5	河北师范大学	哲学、经济学、法学、教育学、文学、历史学、理学、工学、管理学、艺术学10个学科门类
6	山西师范大学	文学、法学、历史学、教育学、经济学、管理学、理学、工学、农学、医学、艺术学11个学科门类
7	内蒙古师范大学	哲学、经济学、法学、教育学、文学、历史学、理学、工学、管理学、艺术学10个学科门类
8	辽宁师范大学	经济学、法学、教育学、文学、历史学、理学、工学、管理学、艺术学9个学科门类
9	沈阳师范大学	哲学、经济学、法学、教育学、文学、理学、工学、管理学、艺术学9个学科门类

续表

序号	学校名称	所含学科门类
10	东北师范大学	哲学、经济学、法学、教育学、文学、历史学、理学、工学、农学、管理学、艺术学 11 个学科门类
11	吉林师范大学	文学、历史学、法学、教育学、理学、工学、艺术学、管理学、经济学 9 个学科门类
12	长春师范大学	文学、历史学、法学、教育学、理学、工学、艺术学、管理学、经济学 9 个学科门类
13	哈尔滨师范大学	文学、哲学、历史学、法学、教育学、理学、工学、农学、管理学、经济学 10 个学科门类
14	华东师范大学	哲学、经济学、法学、教育学、文学、历史学、理学、工学、医学、管理学、艺术学 11 个学科门类
15	上海师范大学	哲学、经济学、法学、教育学、文学、历史学、理学、工学、管理学、农学、艺术学 11 个学科门类
16	南京师范大学	哲学、经济学、法学、教育学、文学、历史学、理学、工学、农学、医学、管理学、艺术学 12 个学科门类
17	江苏师范大学	哲学、经济学、法学、教育学、文学、历史学、理学、工学、农学、管理学、艺术学 11 个学科门类
18	浙江师范大学	哲学、经济学、法学、教育学、文学、历史学、理学、工学、管理学、艺术学 10 个学科门类
19	杭州师范大学	经济学、法学、教育学、文学、历史学、理学、工学、医学、管理学、艺术学 10 个学科门类
20	安徽师范大学	文学、历史学、哲学、经济学、管理学、法学、教育学、理学、工学、农学、艺术学 11 个学科门类
21	阜阳师范大学	文学、理学、工学、管理学、教育学、法学、经济学、历史学、艺术学、农学、医学 11 个学科门类
22	安庆师范大学	文学、经济学、历史学、法学、教育学、理学、工学、管理学、农学、艺术学 10 个学科门类
23	淮北师范大学	法学、文学、历史学、教育学、经济学、管理学、艺术学、理学、工学、农学 10 个学科门类
24	福建师范大学	文学、历史学、哲学、理学、工学、教育学、经济学、法学、管理学、农学、艺术学 11 个学科门类
25	闽南师范大学	文学、理学、工学、经济学、管理学、法学、教育学、历史学、农学、艺术学 10 个学科门类
26	江西师范大学	文学、历史学、哲学、经济学、管理学、法学、理学、工学、教育学、艺术学 10 个学科门类
27	赣南师范大学	法学、经济学、历史学、文学、理学、工学、教育学、管理学、艺术学、农学 10 个学科门类
28	江西科技师范大学	文学、理学、教育学、艺术学、工学、法学、管理学、经济学、历史学 9 个学科门类
29	山东师范大学	哲学、经济学、法学、教育学、文学、历史学、理学、工学、管理学、艺术学 10 个学科门类
30	曲阜师范大学	哲学、经济学、法学、教育学、文学、历史学、理学、工学、管理学、艺术学 10 个学科门类
31	河南师范大学	经济学、法学、教育学、文学、理学、工学、农学、历史学、管理学、艺术学 10 个学科门类
32	信阳师范大学	文学、历史学、理学、工学、经济学、管理学、法学、教育学、艺术学、农学 10 个学科门类
33	华中师范大学	哲学、经济学、法学、教育学、文学、历史学、理学、工学、管理学、艺术学 10 个学科门类
34	湖北师范大学	经济学、法学、教育学、文学、历史学、理学、工学、管理学、艺术学 9 个学科门类

续表

序号	学校名称	所含学科门类
35	湖南师范大学	哲学、经济学、法学、教育学、文学、历史学、理学、工学、农学、医学、管理学、艺术学 12 个学科门类
36	华南师范大学	哲学、经济学、法学、教育学、文学、历史学、理学、工学、农学、医学、管理学、艺术学 12 个学科门类
37	广东技术师范大学	经济学、法学、教育学、文学、理学、工学、管理学、艺术学、历史学 9 个学科门类
38	广西师范大学	哲学、经济学、法学、教育学、文学、历史学、理学、工学、农学、医学、管理学、艺术学 12 个学科门类
39	南宁师范大学	哲学、经济学、法学、教育学、文学、历史学、理学、工学、管理学、艺术学 10 个学科门类
40	海南师范大学	文学、理学、教育学、经济学、历史学、管理学、工学、法学、农学 9 个学科门类
41	重庆师范大学	哲学、经济学、法学、教育学、文学、历史学、理学、工学、农学、管理学、艺术学 11 个学科门类
42	四川师范大学	文学、理学、工学、哲学、经济学、管理学、法学、历史学、教育学、艺术学、农学 11 个学科门类
43	西华师范大学	文学、历史学、哲学、教育学、理学、工学、农学、管理学、经济学、法学、艺术学 11 个学科门类
44	贵州师范大学	哲学、经济学、法学、教育学、文学、历史学、理学、工学、农学、管理学 10 个学科门类
45	云南师范大学	哲学、经济学、法学、教育学、文学、历史学、理学、工学、管理学、艺术学 10 个学科门类
46	陕西师范大学	哲学、经济学、法学、教育学、文学、历史学、理学、工学、管理学、农学、医学、艺术学 12 个学科门类
47	西北师范大学	哲学、经济学、法学、教育学、文学、历史学、理学、工学、管理学、艺术学 10 个学科门类
48	青海师范大学	文学、理学、工学、法学、经济学、教育学、管理学、历史学、艺术学 9 个学科门类
49	新疆师范大学	哲学、经济学、法学、教育学、文学、历史学、理学、工学、管理学、艺术学 10 个学科门类
50	伊犁师范大学	文学、理学、教育学、工学、历史学、法学、艺术学、管理学、经济学、农学 10 个学科门类

表 3-3 师范大学学科门类数统计

师范大学所设学科门类数量	师范大学的数量	所占比例/%
7	2	4
9	10	20
10	21	42
11	11	22
12	6	12
合计	50	100

（三）设置非师范专业

长期以来，师范院校一直是根据中小学的课程来设置专业，师范院校只有师范这种单科性专业。20 世纪 60 年代初，有些师范大学开设了计算数学和无线电电子学专业，针对这种情况，1961 年召开的全国师范教育会议强调“师范院校本科的任务是培养高中教师”，“这些已经设置了的专业，只要不影响基本专业教学质量，可以继续办下去，不必撤销……这些都是个别问题、个别情况、个别解决，总的则不能这样办”。1977 年后，高等师范院校出现了图书馆学、无线电电子学、生物化学、计算机学、地貌学、电化教育等专业。20 世纪 90 年代以后，随着中等教育结构的调整、社会主义市场经济的建立，师范院校在参与高校的竞争中开始面向市场和社会需求，设立非师范专业，在培养师资的同时为社会培养多样化的专门人才，以此来拓展办学空间，挖掘办学潜力，增强办学活力，提升办学效益。在 1996 年 9 月北京召开的第五次全国师范教育工作会议上，国家教委主任朱开轩指出：“自 80 年代以来，各级各类师范院校还不同程度地举办了非师范专业……有的学校非师范专业在校生的比例达 30%以上，极个别学校竟达 50%。”[①]当时，所有师范大学均设有非师范专业，且非师范专业数都超过了师范专业数，非师范专业与师范专业之比最高达到 5:2。[②]据师范大学发布的《本科教学质量报告》获悉，陕西师范大学 2013 年设有 66 个本科专业，其中有 42 个非师范专业，24 个师范专业。南京师范大学 2013 年共有 91 个本科专业，招收师范生的专业仅有 15 个。由此可见，师范大学的专业结构已呈现综合化格局。

四、综合化以后师范大学的教师教育转型

综合化发展已由师范大学的主观追求变为客观事实，这是教师教育转型影响的结果，也是师范大学主动选择的结果。综合化既改变了师范大学性质和学科结构，也必然对师范大学传统的教师教育的存在方式和运行机制产生影响。

---

① 朱开轩. 大力办好师范教育，加强教师队伍建设，为实现跨世纪教育发展目标而奋斗. 中国高等教育，1996（11）：7-13.

② 何莉娜，马飙. 我国高师院校非师范专业发展的再思考. 内蒙古师范大学学报（教育科学版），2009（9）：78-80.

（一）客观分析教师教育在师范大学中的地位

代表性的观点有二：一是优势论，主张教师教育既是师范院校的办学传统，又是师范院校在高等教育体系中相对于其他高校的优势，应该创造条件加强教师教育，充分发挥师范院校的教师教育优势；二是特色论，主张师范院校将教师教育作为办学特色，以区别于其他类型高校，以特色发展带动高校整体发展。我们认为，特色论比优势论更符合实际，更准确。从理论逻辑来看，师范院校以教师教育为传统优势，但在综合化以后并不一定保持优势；在高等教育场域中，按照高等教育竞争逻辑，尤其是以学科实力为主要指标的竞争体系中，教师教育难以成为优势。从实践来看，许多师范大学在其发展目标的表述中提出了“教师教育特色鲜明”“以教师教育为特色”。看来，大多数师范大学能够审时度势，充分地扬长避短，强化教师教育特色，提升学校的竞争力。然而，很多人认为教师教育特色发展与综合发展有冲突，因为师范院校所获得的资源是有限的，强化教师教育特色发展与综合发展会形成不同的资源配置模式，可能存在此消彼长的现象。其实，两者之间是相辅相成、相互促进的。一方面，师范大学过去办师范教育所积累的资源和办学经验不能轻易丢弃，同时，师范大学作为开放教师教育体系的主体，不能放弃教师教育的使命和责任。教师教育是师范大学的一部分，虽然现在不是师范大学的中心任务，但突出教师教育特色并使这种特色更加鲜明，不仅有利于师范大学形成比较优势和核心竞争力，还有助于提升师范大学整体办学水平。另一方面，师范大学的综合化发展有利于教师教育特色的提升。在师范大学综合化的过程中，学科结构日益齐全，学术研究水平和平台资源不断汇聚，这些都可以间接地用于教师教育，尤其是一些基础设施和资源，如图书资料和研究平台，能为教师教育研究所用。此外，师范大学良好的学科结构和学术氛围能提升教师教育的学术氛围和研究水平。这些隐性资源都有助于教师教育特色发展。师范大学综合化发展，绝不是淡化教师教育，更不是否定和取消教师教育，而是教师教育发展的重要基础，是顺应学科发展综合化趋势、提升教师教育质量和水平的必然选择。①师范大学综合化可以实现双重目标，既可以促进教师教育特色发展，又可以提升学校综合实力。但现实中，由于师范大学资源的有限性，在决策过程

① 钟秉林. 关于师范大学改革和发展几个问题的思考. 教育与职业，2011（32）：5-8.

中，两者难以协调和平衡，常常出现矛盾。由于对政府和市场的资源依赖，师范大学的发展处于一种两难的境地：既要保留师范大学原有的学科特色，维持其“师范教育”的市场领地，又要面向国家战略需求、地方社会经济发展需求和市场需求开办非师范专业。比较突出的问题是师范大学综合发展“牺牲”或弱化了教师教育特色发展。实践并没有向人们预期的方向发展。许多学者和师范大学的管理者对此问题进行了深刻反思。作为我国著名的教师教育研究者和教师教育改革的参与者，顾明远教授的观点具有代表性，他认为，师范院校应该通过综合化发展提升师范专业的学术水平，综合化是手段，提升教师教育质量是目的，但一些转型的师范院校并没有将力量用于加强师范专业建设上，反而是利用政策契机，挪用教师教育资源去发展新成立的非师范专业，这与改革目的背道而驰，结果只能是削弱师范教育。[①]这是现实中师范大学发展所面临的所谓“综合发展”和“特色发展”的矛盾，也是师范院校发展过程中长期存在的“学术性”与“师范性”矛盾的再现。这种矛盾在本质上是不存在的，其根源在于认识问题和观念问题，只要不把两者对立起来，就能达成统一。

教师教育在综合化师范大学中找准位置以后，一个最为现实的问题是：哪些机构主要承担教师教育的功能？这就涉及师范大学的教师教育主体重新确立的问题，也与师范大学的教师教育组织变革有关。

在综合化之前，师范大学是名副其实的。师范大学的主要任务或唯一任务就是为中小学培养教师，师范大学里所有的人员、机构和资源都投入教师教育中。这时全校一盘棋，教师教育的机构和主体都是明确的，责任都是清晰的。因为师范大学的任务就是开展师范教育，师范教育作为一种学校形态而存在。但是，师范大学综合化以后，它与师范教育的关系发生了改变。师范大学虽然仍然保留了“师范”的名称，但其实质已经发生改变。学校的办学目标、办学理念、专业设置和学科布局已经突破教师教育的局限，向多元综合的方向发展。教师教育不再是师范大学的唯一任务或主要任务，师范大学不仅为中小学、幼儿园培养教师，而且为社会各行业培养所需要的多元化、综合型人才。此时，师范大学仅有部分人员、机构和资源开展教师教育，教师教育作为大学多种专业教育中的一种存在。这种变化意味着师范大学组织目标和组织功能的

① 顾明远. 我国教师教育改革的反思. 教师教育研究，2006（6）：3-6.

变化。美国著名的管理学家德鲁克认为，“组织结构是实现组织的目标和目的的手段，任何关于组织结构的工作都必须从目标和战略开始”[①]。组织结构的设计必须服从组织的总体战略，战略的调整必然伴随组织结构的调整。师范大学目标和任务的变化，意味着师范大学的组织结构也要相应调整。不同的结构会产生不同的功能，优化结构就能优化功能。同时，要实现什么样的功能，就要有意识地建构或调整结构。叶澜教授在《教育概论》中提到：从教育系统形成的角度看，功能选择在先，结构形成在后，它与自然系统不同，不是结构决定功能，而是功能决定结构。[②]人们为了实现特定的功能，就会有意识地去选择和建构一定的结构去实现它。师范大学综合化意味着传统师范大学的功能拓展，师范大学在为中小学培养师资的同时，需要为社会各行业培养所需要的多样化专门人才。在师范大学所拥有的人员、机构和资源总量一定的前提下，拓展出来的这部分功能必然消耗掉原本用于教师教育的资源，这就意味着师范大学要调整原有的组织结构或组建新的组织机构，这就会引发组织变革。

（二）师范大学发展战略的调整也影响教师教育组织的变革

战略和组织机构之间关系的研究已经形成如下结论：①组织战略的选择制约着组织结构的形式；②战略与结构的一致是成功实现组织目标的保证；③组织结构对组织战略有影响作用；④只有在组织结构上发生改变，才能真正引起组织战略的改变。[③]美国哈佛大学的钱德勒教授从组织战略的角度将战略与机构的关系归纳为“战略决定结构，结构跟随战略”。他认为有两个原因使得组织机构必须跟随战略变化而变化：其一，在很大程度上，组织机构会决定组织的目标和政策，而这会对组织战略的制定与实施产生影响；其二，组织结构决定组织资源的配置，除非战略没有发生大的调整，否则战略的变化会导致资源的重新分配，这就必然要求调整组织结构。[④]师范大学综合化会带来学校发展战略的调整。“任何类型的大学都是遗传与环境的产物”[⑤]，师范大学的战略选择既需要考虑其长期从事师范教育的历史和

---

① Drucker P F. Management：Tasks，Responsibities，Practice. New York：Harper & Row，1974：4.

② 叶澜. 教育概论. 北京：人民教育出版社，1991：319.

③ 拜亚斯. 战略管理：规划与实施. 王德中，等译. 北京：机械工业出版社，1988：166.

④ 艾尔弗雷德 • D. 钱德勒. 战略与结构：美国工商企业成长的若干篇章——概念和案例. 北京天则经济研究所，北京江南天慧经济研究有限公司选译. 昆明：云南人民出版社，2002：36.

⑤ 阿什比. 科技发达时代的大学教育. 滕大春，滕大生译. 北京：人民教育出版社，1983：7.

传统，这是师范大学发展不可遗弃的重要资源，同时需要考虑环境的变化对师范大学发展路径的影响。因此，大多数师范大学在战略选择上坚持“综合”和“特色”的统一，一方面，将教师教育作为师范大学的办学特色予以坚持和传承乃至彰显和强化；另一方面，坚持走综合化的战略，不断提升师范大学的综合实力和核心竞争力。在师范院校综合化的过程中，多样化的学校职能不允许学校再集中全校之力来发展教师教育。[①]师范院校需要变革校内组织机构和调整管理运行机制，优化资源配置，服务于学校的“综合”和“特色”双重战略，既保留教师教育的传统，彰显教师教育的特色，又提升学校综合实力，以求得学校特色发展和综合发展的平衡。这就必然涉及师范大学内部的教师教育组织变革问题。

第三节　现实动因下的教师教育组织变革概览

本章主要运用场域理论和组织变革理论分析了师范大学教师教育组织变革的现实动因，即师范大学教师教育组织为何需要变革的问题。师范大学教师教育组织变革的现实动因可以归纳为内外因素的共同作用引发教师教育转型和师范大学综合化，教师教育转型使得师范大学从封闭的师范教育体系进入更开放和更广阔、竞争更激烈的高等教育场域，师范大学在教师教育场域和高等教育场域的空间位置关系与之前相比也有了很大变化；在高等场域空间中，依据特定的场域规则，师范大学最有利的策略选择便是师范大学综合化，这种变化使得师范大学自身的内部场域发生变化，教师教育需要在师范大学场域内重新寻找合适的空间位置，这就提出了师范大学教师教育组织变革的内在要求。图 3-1 所展示的分析框架能清晰直观地概括本章的研究思路。

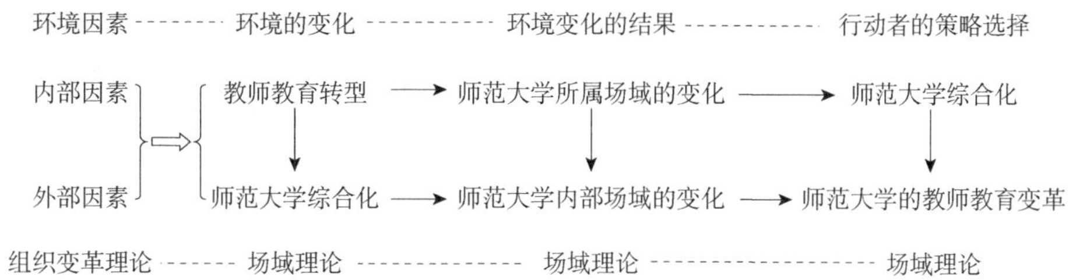

图 3-1　师范大学教师教育组织变革动因的分析框架

① 侯小兵，张继华. 师范院校缘何要成立教师教育学院. 当代教师教育，2013（2）：22-27.

具体来说，我国的教师教育转型表现为教师培养目标走向专业化、教师培养体制走向开放化和教师培养过程走向一体化。这三个方面的变化使得师范大学在教师教育体系中的地位和教师教育在师范大学中的地位发生改变，师范院校不再是教师教育体系的唯一主体，而是主体之一；教师教育不再是师范院校的唯一任务，而是其任务之一。师范大学面临更加广阔和激烈的竞争，不仅需要在教师教育体系中竞争教师教育资源，而且需要在高等教育体系中竞争教育资源。“师范大学在教育生态体系中地位特殊，既具有基础教育的成长基因，又从属于高等教育体系，肩负育人使命。师范大学是联结高等教育和基础教育的关键主体，是教育生态体系中典型的‘双肩挑’。”[①]不同于过去“师范”仅作为一种纯粹的高校类型，在开放教师教育体系中，“师范大学要培养师范生，并要培养出优秀的师范生，但师范大学绝不能只是培养师范生，它还要履行和其他综合性大学一样的更广泛的学科建设和人才培养的使命与任务”[②]。从这个意义上来说，教师教育的转型既要求师范大学必须转型，也推动了师范大学的转型。

发达国家教师教育机构的转型历程和综合性大学的办学优势为师范大学向综合性大学转型提供了经验与启示，我国教师教育政策的调整则为师范大学的综合化转型创造了条件。考察我国师范大学的办学目标、学科结构和专业设置后发现，师范大学综合化已成客观事实。师范大学综合化使得学校职能多元化、发展战略双重化，学校无法举全校之力办教师教育，需要变革校内组织机构和调整管理运行机制，优化资源配置，这就引发了师范大学的教师教育组织变革。

---

① 孟繁华. 新时代师范大学改革发展之道. 教育研究，2021（2）：17-21.

② 王建华. 师范大学高质量发展与教育强国建设. 江苏高教，2024（6）：8-16.

第四章　师范大学教师教育组织变革的实证探索

前述两章主要论证了师范大学教师教育组织为什么需要变革的问题。接下来就需要探讨实际的师范大学教师教育组织变革是怎样的，存在哪些问题，形成这些问题的原因有哪些。本章主要通过调查研究、文献分析和逻辑分析等方式探讨这些问题。只有全面了解和准确把握师范大学教师教育组织变革的实现状况，才能找到师范大学教师教育组织变革的合适路径和可行策略。

第一节　我国师范大学教师教育组织的典型模式

一、我国师范大学教师教育组织模式划分的依据

师范大学的教师教育改革问题成为理论研究和实践探索的重要课题。在实践领域，一些师范大学或自主探索或学习借鉴他校经验，纷纷进行组织机构的改革，以求整合教育力量，改进教师教育管理，提高教师教育质量。具体改革的路径和方式多种多样：有机构更名的，比如北京师范大学于 2001 年 3 月将教育科学学院更名为教育学院，实现“教师教育的教育学院化”；有机构重组的，比如山西师范大学于 2006 年 11 月将分散在各基础学科学院的学科教学论教师纳入教育学院；有机构新设的，比如南京师范大学于 2005 年整合相关教育资源，在已有教育科学学院的基础上新成立了教师教育学院，该学院统筹协调全校的教师教育工作，承担全校师范教育专业课程教学任务，与其他学科学院共同培养师范生。2010 年，南京师范大学为了更好地实现学科教育与专业教育的双向强化，对教师教育学院进行了实体化改革：教师教育学院负责 10 个

师范专业学生的招生和管理，负责承担教师教育类课程和实践教学任务；与10个师范专业相关的学科基础学院承担相关学科专业课程教学任务。在此之后，不少师范大学纷纷成立教师教育学院，有的师范大学将原来的教育科学学院或教育学院直接更名教师教育学院；有的在保留原有教育科学学院名称的基础上增加了教师教育学院的名称，采取“两块牌子，一套人马”的运作模式；有的同南京师范大学一样，在保留教育科学学院或教育学院建制的同时，成立独立的或实体性、框架性的教师教育学院。可以说，在教师教育转型过程中，各师范大学结合自身实际开展的教师教育机构改革是多元化、纷繁复杂的。

在学术领域，一些学者和师范大学的教师教育管理者对此问题进行了研究。山西师范大学原校长武海顺以教师教育改革的形式要件为参照，将师范大学中出现的教师教育模式分为七种：一是对原有的教育学院或教育科学学院进行职能拓展，在职前培养的基础上加入职后培训功能；二是另设机构，对校内外有关的教师教育资源进行集中整合，成立集职前培养和职后培训功能一体的新学院；三是在保留原有职前培养模式的基础上，成立培训协调机构；四是新成立教师教育管理机构，如教师教育处；五是实现专业教育与行政管理职能一体化；六是以学科课程教学为主线建立教师教育学院；七是在综合性大学中建立以职前培养为主要职能的教育学院或师范学院。[①]云南师范大学的罗明东和陈瑶认为，在教师教育转型期，师范大学教师教育改革的“亚制度环境”总体发展趋势是在“大学”的框架下强化教师教育特色，实现教师教育的专业化和学科的综合化双重目标。具体类型有四种：一是以北京师范大学等少数高水平师范大学为代表的“综合大学+教育学院”模式；二是以综合性发展为目标的地方重点师范院校成立教师教育学院；三是师范院校为了加强对教师教育的统筹协调和管理，成立教师教育处等职能机构；四是以华东师范大学为代表的师范大学，建立教育科学学院，但其重点在于加强教育学科建设，开展教育学术研究，较少涉及教师培养。[②]赵明仁依据师范生和学科教师教育者在我国师范大学内的组织归属，把我国师范大学的教师教育机构划分为文理学院模式、教育学院模式、不完全教师教育学院模式、完全教师教育学院模式四类。[③]高宝

---

① 武海顺. 教师教育改革的理论、模式与实践. 山西师大学报（社会科学版），2007（4）：46-48.

② 罗明东，陈瑶. 我国师范大学教师教育“亚制度环境”的探讨. 教师教育研究，2007（3）：21-23+5.

③ 赵明仁. 师范大学中教师教育者的身份认同. 高等教育研究，2014（8）：61-67.

立和刘小强将我国师范大学教师教育的管理体制和运行机制概括为六种模式：教师专业发展学院模式、教科院+实体性教师专业学院、教科院+框架性的教师专业学院、虚拟性教师专业学院+教科院+分散在其他学院的教师教育系、教育学院+教师教育处模式、教师专业学院+教育研究院模式。[①]这四种划分方式依据的标准有明显的差异。武海顺主要依据考虑教师教育一体化的要求，根据教师教育机构实际发挥的职能，将师范大学的教师教育发展模式划分为七种类型；罗明东和陈瑶主要依据师范大学自身的实力和水平，总结规划了四种典型的教师教育组织模式，相对来说，对教师教育机构自身的特点关照较少；赵明仁主要是从学科教师教育者身份认同的角度来分析教师教育机构和教师培养模式问题的，这个分析角度比较单一，教师教育机构的改革应该是多种价值的统一，兼顾不同利益相关者的价值诉求，但其划分教师教育机构类型的维度值得借鉴；高宝立和刘小强的划分依据主要是承担教师教育职能、参与教师教育活动的机构组成情况，但归纳与提炼的程度不够，模式之间的差别不是很明显，每一种模式的特征难以被清楚把握。

在确定我国师范大学教师教育组织模式划分的标准之前，需要从整体上把握我国师范大学教师教育组织变革的趋势，这样才能化繁为简，厘清教师教育组织模式的特征，构建适合教师教育改革实际的理论模型和理想类型。

师范教育时期，教师教育以学校的形态存在，师范院校的唯一任务是培养师资，所有的人力、物力和财力资源都用于教师教育。在开放多元的教师教育时期，师范院校虽然名称没有改变，但其职能和内部结构已经发生改变，师范院校不再以培养教师为唯一职能，很多师范大学开办非师范专业，开展学术研究，培养多样化社会专门人才，师范大学的组织特殊性逐渐消解，教师教育不仅存在于师范院校之中，而且存在于综合性大学之中，教师教育以专业教育的形态存在于大学和高等教育体系之中。教师教育的存在形态在改变，但培养专业化教师、提升教师教育水平作为教师教育改革和发展的宗旨不能改变。专业化教师的培养，需要专业化的教师教育作为支撑和保障。教师教育专业化是经过有组织、专门化的培养和训练，使非专业化教师成长为专业化教师的过程。有组织、专门化的培养和训练需要建立专业学院来实施。如同大学中设立医学

① 高宝立，刘小强. 中国特色的教师教育专业化之路：十年来师范院校教师教育管理运行模式的探索. 高等教育研究，2009（12）：34-38.

院培养医生、设立法学院培养律师、设立工学院培养工程师一样，师范大学也需要设立专业学院来专门培养教师。为什么教师教育改革之前没有这种组织需求呢？其实，这与每一个阶段教育发展所面临的主要矛盾和人们对教师教育活动本质规律的认识深刻程度有关。在师范教育时代，师范院校是专门培养教师的机构，但还不是真正意义上的专业学院。师范院校主要通过各学科学院来设置和实施学科专业课程，教育科学学院或教育系等机构开设教育学、心理学、教学论等课程，这种课程结构导致师范生的学科专业和教育专业难以齐头并进达到较高水准。况且，当时基础教育普及化发展需要大量师资，满足教师数量需求是第一位的。尽管师范院校在教师培养方面存在这样或那样的问题（尤其是学科知识比较薄弱、教学技能不够娴熟等问题），但此时的数量矛盾掩盖了教师质量的矛盾。教师教育综合化改革之后，综合性高校参与教师培养，打破了师范院校对教师培养的“垄断”，教师培养供给的增加缓解了教师数量不足的矛盾，提高教师质量的诉求逐渐显现。两种不同类型的高校在教师培养方面各有优劣、相互竞争，这给师范院校带来了压力、提出了挑战。师范院校为了提升自身在教师教育领域的竞争力，必须正视自身的不足，改革教师教育模式，不断提升教师培养的标准。在此背景下，许多师范院校设立教师教育学院或教育学院等专业学院，专门负责培养教师。“大学+学院”的构架成为我国师范大学内部教师教育管理体制和运行机制改革的方向。①

在确定师范大学教师教育组织的“大学+学院”框架基础上，区分教师教育组织模式的标准就是学院的性质和特征。学院按照性质可划分为基础学科学院②和教育专业学院。学院按照特征可划分为实体学院和虚体学院。所谓实体学院，是指学院对学系等下属机构的所有事务统一管理，学院直接对学校负责；所谓虚体学院，是指学校在学院层次设立管理机构行使统筹和协调职能，学系等下属机构的人员配置、制度规则和运行机制维持不变。师范大学教师教

---

① 高宝立，刘小强. 中国特色的教师教育专业化之路：十年来师范院校教师教育管理运行模式的探索. 高等教育研究，2009（12）：34-38.

② 关于师范大学中参与教师培养、主要承担学科专业课程、对学生进行学科专业教育的院系称谓主要有文理学院、学科学院等，但两种称谓都不是很合适，文理学院容易与美国开展通识教育的独立类型的文理学院混同；学科学院也不能将教育学院或教育科学学院排除在外，因此，本研究考虑到表述的区分性和准确性采用基础学科学院的称谓，因为师范大学参与教师教育的这些学院设置的学科主要是面向中小学的语、数、外、政、史、地、物、化、生等基础性学科。

育组织模式分类框架如图 4-1 所示。

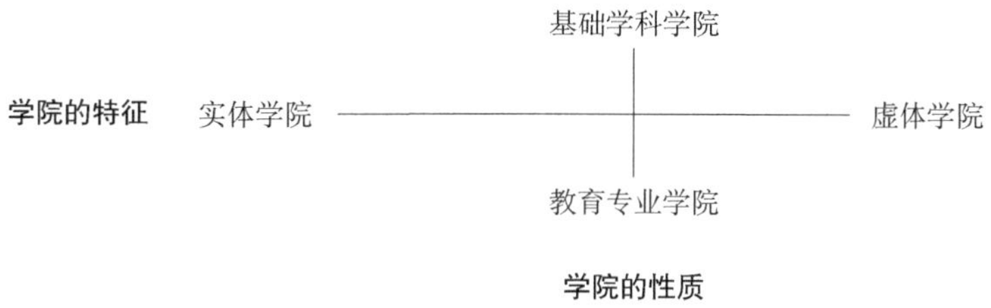

图 4-1　师范大学教师教育组织模式分类框架

根据上述标准，可将我国师范大学教师教育组织模式划分为以下四种类型：基础学科学院模式、基础学科学院+实体教育专业学院、基础学科学院+虚体教育专业学院、实体教育专业学院。需要说明的是：①基础学科学院没有做实体学院与虚体学院之分，因为基础学科学院在师范大学都是实体教学、科研机构，不仅要参与师范生的培养，而且要培养与社会政治经济发展相关的专门性人才；②现实中，部分师范大学成立了与教务处平行的教师教育处或设于教务处的教师教育科，管理师范大学的教师培养工作，这些行政管理机构不能单独存在，因为它们主要行使管理职能，为教师教育和师范大学的教学活动服务，这些机构的管理职能在相应的教师专业学院（如教师教育学院或教育学院）中也有体现，所以这里没有单独考虑这些行政职能机构；③有的师范大学为了统筹协调教师教育事务，集中力量办好教师教育，创新教师教育运行模式，加强教师教育学科建设，成立了集教学、科研、管理于一体、虚实结合的教师教育学部，但这种组织创新的管理模式与运行机制与已有师范大学的教师教育学院有类似之处，况且这种组织机构成立时间短暂，效果难以判断，故不做单独分析，可归入实体教育专业学院范畴。

二、我国师范大学教师教育组织模式的类型

（一）基础学科学院模式

基础学科学院模式实际上是基础学科学院+教务处或教师教育处，这是师范大学传统的教师教育组织模式，也是目前主流的教师教育组织模式。基础学科学院承担师范生培养的主要职责，师范生的招生与管理、培养计划的制订与

实施、学科教师教育者都归基础学科学院管理，基础学科学院提供学科课程的教学和教学实习、毕业论文等实践课程；教育科学学院（或教育学院）只为师范生培养提供教育学、心理学等教育类专业课程；教务处或教师教育处行使行政管理的职能，在师范生培养方案的制订、教育实习的统一安排等方面发挥统筹协调作用。这种模式是在师范教育时代形成的，全校一盘棋，基础学科学院的唯一任务就是培养师范生，所有资源都用于师范生培养，这时基础学科学院及相应职能部门的职能和责任是清楚的。师范大学综合化以后，这种组织模式遇到的最大挑战是教师教育缺乏明确的责任主体；基础学科学院的培养任务多样化以后，教师教育的精力和资源被分散；教务处和教育科学学院自身地位和职能的限制在教师教育中的作用有限，致使教师教育力度减小。这种“以不变应万变”的组织模式在综合化的师范大学中具有不适应性。

H 师范大学就是这种教师教育组织模式的典型代表。H 师范大学具有 40 多年的教师教育历史，为基础教育领域培养近 20 万名合格师资，成为省内基础教育师资的重要来源。H 师范大学目前有 19 个二级学院，除继续教育学院、国际教育学院和自动控制与工程学院不招收师范生、不参与教师教育以外，其余的 16 个学院都参与教师培养工作，教育学一级学科硕士学位授权点涵盖学校 16 个学院。目前，师范生的培养主要依靠基础学科学院实施，教务处在学校层面进行统筹与协调。16 个二级学院，除教育科学学院设有小学教育、学前教育和特殊教育专业分别培养小学全科教师、幼儿园师资和特殊教育师资外，基础学科学院主要培养中学层次对应学科的教师。教务处作为职能部门，在师范生培养方案的设计、日常教学环节的监控和教学实习基地建设等方面，进行规划布局、制度设计和政策安排。这种组织模式的突出问题是教师教育的责任主体不明确，基础学科学院需要按照教务处统一要求来开展教师教育，但教务处对教师教育的要求多、支持少，使得许多基础学科学院对教师教育工作处于应付状态，缺乏主动意识、责任意识和创新意识。

（二）基础学科学院+实体教育专业学院

这种组织模式有利于学科教育与专业教育的分离，提升师范生的职前培养水平。根据师范生与学科教学法教师归属的不同可细分为两种类型：一种是师范生归属于基础学科学院，学科教学法教师整合到教育学院（或教师教育学院），基础学科学院和实体教育专业学院共同承担教师培养的职能。但这种模式由于利益、资源和文化等因素曾出现过反复，整合到教师教育学院的学科教学法教师又返回原来的基础学科学院。另一种是师范生先在基础学科学院完成学科专业教育，然后到实体教育专业学院进行教育专业的学习和教育实习等实践锻炼，同时，学科教学法教师归属教育专业学院管理。这种组织模式面临的挑战是如何真正有效地发挥学科教学法教师在师范生培养中的作用。

HZ 师范大学在保留教育学院的基础上，于 2010 年 1 月合并校内原有的师范生技能测试和高校师资培训有关的单位成立了新的教师教育学院，其直接目的是更好地统筹协调免费师范生教育，实现师范大学在师范生职前培养和教师在职培训方面的有效链接。教师教育学院设有师范生职业能力训练部、师范生职业能力测试部、中小学在职教师培训部、教育部高师师资培训中心、H 省普通话培训与测试中心、HZ 师范大学语言文字工作办公室、教育部 HZ 师范大学基础教育课程研究中心、H 省教师资格考试面试考点、教师教学发展中心、学院办公室等机构。HZ 师范大学的基础学科学院负责师范生的招生与管理，教育学院面向师范生开设教育类课程，教师教育学院主要承担师范生职业能力测试与培训、普通话测试与培训、教师资格考试、教师培训（中小学教师的国培计划和高师师资培训）、学科教学论教师队伍建设与管理工作、教师教育资源开发与建设等工作。这种组织模式运行中的主要问题是教师教育学院虽然承担教学工作，但在教师自身和师范生看来，其主要承担“公共课”任务，是为师范生的教育教学技能提升和考核服务，属于教辅功能，专业归属感不强。学科教学法教师虽然由教师教育学院统一加强建设和管理，但缺少专属的学生和专业，导致这类教师对师范生的成长发展影响有限。

（三）基础学科学院+虚体教育专业学院

此类教师教育组织模式与基础学科学院模式相似，基础学科学院承担师范生培养的主要任务，但其不同之处在于，虚体教育专业学院的主要职能是统筹协调基础学科学院的教师教育事务。这种模式可以在一定程度上弥补单纯的基础学科学院模式的不足，但虚体教育专业学院的功能与教育处原有功能相似，只不过是名称转换而已。

这种模式以 YN 师范大学为代表。该校于 2004 年 4 月成立了教师教育学院，这是一个框架性学院。教师教育学院的主要构成方式是以该校原有的教育科学与管理学院为基础，将分散在基础学科学院的教学法师资和物力资源与现代教育技术中心的人财物资源相整合。该校师范生培养主要在基础学科学院展开，但是建议基础学科学院成立学科教师教育系，安排3—5人专门负责本学院的教师教育工作。教师教育学院没有将基础学科学院的学科教学法、实习、毕业论文指导等师资和资源集中管理，只是在面上对基础学科学院的学科教师教育系进行业务指导，对全校的教育学科类课程进行组织、管理、协调工作。教师教育学院不是单纯的人才培养学院，它具有双重性质，既参与师范生培养又是协调和统筹全校教师教育工作的职能部门。这种组织模式在资源配置、基础学科学院与虚体教师专业学院的职能划分和组织管理关系等方面面临挑战。

F师范大学的教师教育组织模式也属于这种类型。该校于2009年12月将原来的教育学院更名为“教育科学与技术学院”，同时增挂“教师教育学院”的牌子，实行“两块牌子，一套人马”模式。师范生培养的主体机构还是基础学科学院。这种组织模式中的教师教育学院处境比较尴尬，既不是一个专门的人才培养学院，也不是管理职能部门。

（四）实体教育专业学院

实体教育专业学院是教师教育改革比较彻底的一种组织模式。与基础学科学院+实体教育专业学院不同的是，教师教育的所有职能、资源等都集中于实体教育专业学院之中，师范生和学科教学法教师都归属于教育专业学院管理，这种组织模式可能带来的问题是，将师范大学中参与中学教师培养的所有教师和学生集中在一起，导致组织体量过大、运行不畅，在教育专业学院中学科教学法教师与教育学科教师的学术地位差别、心理归属差异等。

这种教师教育组织模式的典型代表是NJ师范大学。该校有一百多年的办学历史，是中国高等师范教育的发源地之一。作为百年老校，该校在师范生培养和教师教育改革方面一直走在全国或全省前列，为基础教育培养了大批高素质教师。学校的教育学科实力雄厚、专业齐全，学前教育专业和小学教育专业更是全国闻名。2005年，为适应我国建立开放灵活的教师教育体系的要求培养专业化教师，学校整合校内教育资源，成立了集教学、科研、管理和服务于一体的教师教育学院，学院以培养“未来教育家”为目标，将教师职前培养和职后培训有机统一，积极开展教师教育改革。为了解决师范生培养中学科专业与教育专业融合不足的问题，学校于 2010 年推进教师教育学院实体化改革：教师教育学院负责 10 个师范专业学生的招生和管理，负责承担教师教育类课程和实践教学任务；各学科学院承担学科专业课程教学任务，实行学科学院与教师教育学院协同配合、学科专业与教育专业双向强化的运行和培养模式。这种组织模式改革最为彻底，教师教育主体明确单一，资源集中，所有学科教学法教师都纳入教师教育学院统一管理，所有师范生培养环节均由教师教育学院统一管理。这样能够将学科教育与专业教育分离，有利于教师专业化发展。但在实际运用过程中，仍存在机构复杂、人员类型多样、运行机制不畅、师范生学科专业教育薄弱等问题，教师教育组织模式也一直在冲突中调整。我国师范大学教师组织模式的类型分布如表 4-1 所示。

表 4-1　我国师范大学教师教育组织模式的类型分布

教师教育组织模式类型	师范大学分布
文理学院模式	首都师范大学、天津师范大学、天津职业技术师范大学、河北师范大学、内蒙古师范大学、辽宁师范大学、东北师范大学、吉林师范大学、长春师范大学、哈尔滨师范大学、杭州师范大学、安徽师范大学、安庆师范大学、淮北师范大学、闽南师范大学、赣南师范大学、江西科技师范大学、山东师范大学、曲阜师范大学、湖北师范大学、湖南师范大学、海南师范大学、重庆师范大学、西华师范大学、贵州师范大学、陕西师范大学、西北师范大学、青海师范大学、新疆师范大学、阜阳师范大学、伊犁师范大学
文理学院+实体教育专业学院	华中师范大学、四川师范大学、浙江师范大学、山西师范大学、华东师范大学、沈阳师范大学、上海师范大学、江苏师范大学、华南师范大学、湖北师范大学、广东技术师范大学、信阳师范大学
文理学院+虚体教育专业学院	北京师范大学、福建师范大学、江西师范大学、河南师范大学、广西师范大学、云南师范大学
实体教育专业学院	南京师范大学

第二节　组织变革过程中的困境与挑战

前文从理论与现实两方面论证了师范大学教师教育组织变革的必然性。那么，现实中我国师范大学教师教育组织状况如何？存在哪些问题？本节通过问卷调查和访谈调查的方式收集一手信息，期望能对现实状况有准确的把握。下面首先描述调查实施的基本情况，然后呈现调查结果。

一、问卷调查的设计与实施

本研究采用自编问卷“我国师范大学教师教育组织机构调查问卷”（附录一），在前期文献梳理和初步访谈的基础上，主要对师范大学现有教师教育机构的设置情况、教师教育组织运行机制、教师教育资源的配置情况、教师教育机构实际功能发挥等问题（包括事实性问题和态度性问题两类）展开调查，既了解师范大学教师教育组织机构的组成与运行等现实状况，也了解调查对象对师范大学教师教育相关问题的态度和评价。

本研究采用分层抽样的原则，选取 15 所师范大学（其中部属师范大学 3 所，省属师范大学 12 所），以师范大学教师教育组织机构的领导、教师、工作人员为调查对象，每所师范大学发放调查问卷 30 份，共计发放调查问卷 450 份，回收问卷 237 份，回收率为 52.67%，其中有效问卷 226 份，问卷有效率为 95.36%。问卷调查样本分布情况如表 4-2 所示。问卷回收后，用 SPSS 17.0 对结果进行统计分析。

表 4-2　问卷调查样本分布情况

变量	选项	频数/人	百分比/%
学校类型	部属师范大学	41	18.14
	省属师范大学	185	81.86
性别	男	120	53.10
	女	106	46.90
年龄	30 岁及以下	16	7.08
	31—40 岁	110	48.67
	41—50 岁	64	28.32
	51—60 岁	33	14.60
	60 岁以上	3	1.33
学历	博士	152	67.26
	硕士	67	29.64
	本科	7	3.10
职称	教授	57	25.23
	副教授	94	41.59

续表

变量	选项	频数/人	百分比/%
职称	讲师	61	26.99
	其他	14	6.19
职务	党政领导	16	7.08
	行政人员	21	9.29
	无	189	83.63
在校工作时间	0—5 年	50	22.12
	6—10 年	44	19.47
	11—15 年	53	23.45
	16—20 年	28	12.39
	20 年以上	51	22.57

二、访谈调查的设计与实施

问卷调查虽然具有经济、省时等优势，但容易掩盖结果背后的细节。为了更详细地了解师范大学教师教育组织机构及其运行过程中的问题，本研究在问卷调查的基础上采用访谈调查，对问卷无法涉及的问题进行追问和补充，使信息收集更全面更准确。

我们根据调查目的设计了《我国师范大学教师教育组织变革访谈提纲》（附录二），主要了解访谈对象对教师教育在学校中的地位、学校发展教师教育的举措和影响因素、学校教师教育机构的设置和运行情况等问题的态度和评价。

访谈调查遵循目的性抽样和便利性抽样原则，采用现场访谈（与调查对象面对面交谈）和远程访谈（利用电话、邮件和聊天软件等网络通信工具）的方式，对 3 名教师教育管理人员（主管教师教育的副校长 1 人，教务处处长 1 人，教务处教师教育科科长 1 人）和 9 名教师（其中教授 2 人，副教授 3 人，讲师 3 人，助教 1 人）进行了访谈，访谈调查样本基本情况见表 4-3，每次访谈时间为 40—60 分钟，在征得访谈对象同意的基础上，对访谈过程进行录音，访谈结束后整理形成访谈记录文本。

表 4-3 访谈调查样本基本情况

序号	姓名	学校	职务或职称	性别	年龄	访谈方式
1	王××	A 师范大学	副校长	女	52	面谈
2	陈××	B 师范大学	教务处处长	男	54	面谈
3	张××	C 师范大学	教师教育科科长	男	36	电话访谈
4	杨××	A 师范大学	教授	男	55	面谈
5	余××	B 师范大学	教授	男	52	电话访谈
6	张××	A 师范大学	副教授	女	42	QQ 访谈
7	殷××	B 师范大学	副教授	男	36	面谈
8	卢××	C 师范大学	副教授	男	41	电话访谈
9	周××	A 师范大学	讲师	女	28	电话访谈
10	韩××	B 师范大学	讲师	女	29	QQ 访谈
11	詹××	C 师范大学	讲师	男	30	电子邮件
12	柳××	A 师范大学	助教	女	27	面谈

对问卷调查和访谈调查得来的结果进行整理分析，得出以下基本认识。

1. 教师教育组织是师范大学教育改革的重要内容

教师教育组织变革不是单独或偶然发生的，而是因师范大学教师教育活动之变而变化的。师范大学的教师教育活动涉及教育理念、培养目标、课程体系、教学方式、资源投入、机构设置、管理机制等多个要素，构成一个完整的系统。教育理念是指对教师教育活动的价值和规律的认识，主要回答“办什么样的教师教育”和“怎样办教师教育”两个问题，对师范大学的教师教育活动起思想引领作用；培养目标是对所要培养教师的质量标准的规定，是评价教师教育质量的标准；课程体系是达成培养目标的载体，是教育的重要内容；教学方式是教师教育活动的手段，资源投入、机构设置和管理机制是教师教育活动的条件，对教师教育活动的正常运行和效果有着重要影响。

表 4-4 的调查结果显示，51.77%的调查对象认为师范大学的教师教育资源分散、效益不高，主要理由是师范生和学科教学论教师分布在各学科学院，师范大学内多个机构参与教师教育活动，资源不集中，难以形成整体优势，教师教育效益不高；46.46%的调查对象认为存在培养机构职责不清、运行机制不畅

的问题，主要理由是大多数师范大学有文理学科学院、教育科学学院、教务处等机构参与教师教育，与师范大学过去举校办师范教育的情形无异，但文理学科学院对教师教育的投入程度明显降低；与此同时，一所师范大学内同时存在教育科学学院、教师教育学院、教育研究院等多个机构，导致组织机构职责不清，人员组织关系不顺，管理机制不畅。45.58%的调查对象认为人才培养模式存在问题，突出表现是教学方法陈旧，师范生的能力难以适应新课程的要求。43.81%的调查对象认为课程结构不合理，主要表现为通识课程、专业课程和教师教育课程比例不合理，教师教育类课程比例偏低，理论课程比重大、实践性课程比重小，教育实践环节薄弱且流于形式。虽然师范大学在这些方面已经开展不同程度的改革，但是传统师范教育所形成的路径依赖和制度障碍（如课程设置和教学管理制度）导致改革举步维艰，有些改革牵涉利益的重新分配和制度的变革（如资源分配和机构改革）导致改革困难重重，只好在妥协中缓慢前行。

表 4-4　教师教育存在的问题统计

贵校教师教育中存在的问题（多选题）	人数/人	百分比/%
A．领导重视不够	45	19.91
B．人、财、物投入不足	99	43.81
C．资源分散，效益不高	117	51.77
D．机构职责不清，运行机制不畅	105	46.46
E．课程结构不合理	99	43.81
F．人才培养模式不合理	103	45.58
G．其他	9	3.98

师范大学教师教育改革的重点在哪里？41.15%的调查对象选择人才培养模式改革（表 4-5），排第一位，因为人才培养是教师教育的中心。目前，师范大学在师范生人才培养模式改革方面尝试的做法有：或延长教师职前教育年限（4+1）；学科专业教育与教育专业教育分离（3+1）；学生在完成本科专业教育取得学士学位后，再接受教育专业硕士教育（4+2），这种模式有利于实现师范性和学术性的双重提升。但人才培养模式的改革不能孤立展开，需要课程改革、机构改革、教学方法等方面的支持和配合。16.81%的调查对象选择机构改革，排第二位，这说明大家认为教师教育改革的顺利开展离不开机

构的改革，现行的组织机构和运行机制不利于专业化教师的培养与教师教育质量的提高。

表 4-5 教师教育改革的重点

贵校教师教育改革的重点应该是	人数/人	百分比/%
A．更新观念	10	4.42
B．机构改革	38	16.81
C．加大投入	31	13.72
D．课程改革	28	12.39
E．人才培养模式改革	93	41.15
F．教学方法改革	22	9.74
G．其他	4	1.77
合计	226	100

对以上两个问题的调查结果说明，教师教育组织是师范大学教师教育改革存在的问题之一，突出表现为资源分散、效益不高、机构职责不清、运行机制不畅。在教师教育改革的重点领域，人才培养模式占据着至关重要的地位，组织机构改革紧随其后。对于改革师范大学的教师教育改革而言，教师教育组织的变革是不可或缺的一环。

2. 教师教育组织多元分散，资源缺乏整合

在目前的师范大学中，除了实体教师专业学院外，其他几种教师教育组织模式或多或少有文理学科学院的参与，毕竟教师职业具有学科和教育“双专业性”，这里在分析教师教育组织时重点考察承担教育专业类课程的组织机构。通过调查和文献分析发现，其中比较突出的问题是，随着教师教育改革和师范院校转型，师范大学纷纷依据自身实际情况，进行组织结构调整，或更名，或合并，或重组，或新建一些组织机构来承担教师教育职能，使得“在同一个师范院校内与教师培养有关的组织机构不止一个，体现出教师教育机构分散特征”[①]。这种结构多元分散的状况在全国大多数师范院校（包括参与教师教育的综合性大学）中存在。

---

① 朱旭东，李琼. 论我国教师教育的二次转型. 教育学报，2014（5）：98-104.

（1）机构数量多

我国50所师范大学共设有教师教育组织机构113个[①]，平均每所师范大学设有教师教育机构2.26个；其中有15所师范大学只设有1个教师教育机构，占师范大学总数的30%；17所师范大学设有2个教师教育组织机构，占师范大学总数的34%；11所师范大学设有3个教师教育组织机构，占师范大学总数的22%。有1所师范大学设有6个教师教育组织机构，为师范大学所设教师教育机构数的最大值。我国师范大学教师教育组织机构设置类型以及我国师范大学教师教育组织机构设置数量分别如表4-6、表4-7所示。

表4-6　我国师范大学教师教育组织机构设置

序号	学校名称	教师教育组织机构
1	北京师范大学	教育学部、心理学院、教师教育学院、继续教育与教师培训学院
2	首都师范大学	初等教育学院、学前教育学院、教育学院、教育技术系
3	天津师范大学	教育科学学院、初等教育学院、学前教育学院、教师教育学院、教师教育处（职能部门）
4	天津职业技术师范大学	职业教育学院
5	河北师范大学	教育学院、顶岗支教指导中心（教师教育中心）
6	山西师范大学	教师教育学院、教育科学研究院、教师教育研究中心（党政机构）
7	内蒙古师范大学	教育科学学院、教师教育研究中心（科研院所）
8	辽宁师范大学	教育学院（田家炳教育书院）、心理学院
9	沈阳师范大学	教育科学学院、教师专业发展学院、教育技术学院、学前与初等教育学院
10	东北师范大学	教育学部、教师教育研究院
11	吉林师范大学	教育科学学院
12	长春师范大学	教育科学学院、初等教育学院
13	哈尔滨师范大学	教育科学学院、教师教育学院、高师教育研究所（科研机构）
14	华东师范大学	教育学部、心理与认知科学学院
15	上海师范大学	教育学院、基础教育发展中心（直属单位）
16	南京师范大学	教育科学学院、心理学院、教师教育学院

① 这里统计的教师教育组织机构指师范大学内部的二级机构，既包括二级学院或学部，也包括组织管理机构，如教务处。部属师范大学教育学部内的机构不重复统计，比如华东师范大学教师教育学院；北京师范大学教师教育学院不属于教育学部，单独统计。师范大学教务处设立的教师教育科被纳入教务处作为教师教育组织统计。

续表

序号	学校名称	教师教育组织机构
17	江苏师范大学	教育科学学院、教师教育学院、教育研究院
18	浙江师范大学	教师教育学院、杭州幼儿师范学院、教务处教师教育科（机关部处）
19	杭州师范大学	教育学院、教务处教师教育管理办公室（机关部处）
20	安徽师范大学	教育科学学院
21	阜阳师范大学	教育学院
22	安庆师范大学	教师教育学院、教师教育中心（直属单位）
23	淮北师范大学	教育学院
24	福建师范大学	教育学院、教师教育学院
25	闽南师范大学	教育科学学院、教师教育实习实训中心（教辅、直属部门）
26	江西师范大学	教育学部、心理学院、初等教育学院、免费师范生院、教师教育处（党政管理部门）
27	赣南师范大学	教育科学学院
28	江西科技师范大学	教育学院
29	山东师范大学	教育学院、心理学院、教师教育学院（基础教育课程研究中心）
30	曲阜师范大学	教师教育学院（教育科学学院）
31	河南师范大学	教育与教师发展学院
32	信阳师范大学	教育科学学院、教师教育学院
33	华中师范大学	教育学院、心理学院、教师教育学院（机关及直属单位）
34	湖北师范大学	教育科学学院、教师教育学院
35	湖南师范大学	教育科学学院
36	华南师范大学	教育科学学院（特殊教育学院）、教育信息技术学院、心理学院、基础教育学院、职业教育学院、教师教育学部
37	广东技术师范大学	教育科学学院（与职业教育研究院合署）
38	广西师范大学	教育科学学院、教师教育学院
39	南宁师范大学	初等教育学院、教育科学学院、职业技术师范学院
40	海南师范大学	教育科学学院、初等教育学院
41	重庆师范大学	教育科学学院、初等教育学院
42	四川师范大学	教育科学学院
43	西华师范大学	教育科学学院、初等教育学院、教师教育学院
44	贵州师范大学	教育科学学院
45	云南师范大学	教育科学与管理学院、教务处和教师教育学院办公室

续表

序号	学校名称	教师教育组织机构
46	陕西师范大学	教育学院、心理学院、教师干部管理学院
47	西北师范大学	教育学院、心理学院、甘肃省西部教师教育研究中心
48	青海师范大学	教育学院
49	新疆师范大学	教育科学学院、初等教育学院、教师培训学院
50	伊犁师范大学	教育科学学院

注：统计时间截至2024年3月25日。

表4-7　我国师范学院教师教育组织机构设置数量统计

比较项	教师教育组织机构数量						合计
	1	2	3	4	5	6	
师范大学数量/所	15	17	11	4	2	1	50
百分比/%	30	34	22	8	4	2	100

注：百分比指拥有一定数量教师教育机构的师范大学的数量占全国50所师范大学的比例。

在分析师范大学教师教育机构数量时，北京师范大学、华东师范大学、东北师范大学率先整合校内教育学科资源，组建了规模大实力强且能彰显教师教育特色核心组织的教育学部，组建信息翔实具典型代表性，故而选择其进行分析。北京师范大学于2009年组建了教育学部，下设14个实体性学术机构和17个综合交叉平台。华东师范大学于2014年在原有教育科学学院、学前教育与特殊教育学院、教育部中学校长培训中心、开放教育学院的基础上，组建了华东师范大学教育学部。东北师范大学于2012年将教育科学学院与校内其他机构整合成立教育学部，成为支撑东北师范大学办学特色的核心机构之一，由5个专业性教学机构、19个专业性科研机构或研训一体化机构、2个期刊出版机构组成（表4-8）。

表4-8　3所部属师范大学教育学部机构一览表

大学	教育学部机构类别	具体机构
北京师范大学	实体性学术机构	教育基本理论研究院、国际与比较教育研究院、教育历史与文化研究院、教育技术学院、教育管理学院、课程与教学研究院、教师教育研究所、教育经济研究所、学前教育研究所（系）、特殊教育研究所（系）、职业与成人教育研究所、高等教育研究所、教育统计与测量研究所、教育心理与学校咨询研究所

续表

大学	教育学部机构类别		具体机构
北京师范大学	综合交叉平台		教育部人文社科基地国际与比较教育研究院、教育部人文社科基地教师教育研究中心、数字学习与教育公共服务教育部工程研究中心、教育部基础教育质量监测中心、国家教育考试评价研究院、首都教育经济研究院、首都基础教育研究院、首都高等教育研究院、联合国教科文组织国际农村教育研究与培训中心（农村教育与农村发展研究院）、中国教育政策研究院、教育家书院、首都学习型社会研究院、国家手语与盲文研究中心、教育部民办教育政策研究院、教育信息技术北京市重点实验室、国家职业教育研究院、“移动学习”教育部-中国移动联合实验室
华东师范大学	教育学部		教育学系、课程与教学系、教育信息技术学系、教育管理系、学前教育学系、特殊教育学系、教育康复学系、教育心理学系（筹）、艺术教育部、高职部、基础教育改革与发展研究所、课程与教学研究所、国际与比较教育研究所、高等教育研究所、职业教育与成人教育研究所、教育经济研究所、国家教育宏观政策研究院、开放教育学院、上海教师发展学院、教师教育学院、上海终身教育研究院、教育高等研究院、考试与评价研究院、教育部中学校长培训中心、上海数字化教育装备工程技术研究中心、上海市特殊教育资源中心、言语听觉科学教育部重点实验室
东北师范大学	教育学部	专业性教学机构	教育学院、教育管理学院、心理学院、学前教育学院、初等教育学院
		专业性科研机构	国家基础教育实验中心、教育部人文社会科学重点研究基地东北师范大学农村教育研究所、教育部幼儿园园长培训中心、教育部东北师范大学基础教育课程研究中心、全国中小学教师继续教育东北师范大学研究中心、东北教育管理干部培训中心、教育部东北高师师资培训中心、教育部全国高校教师网络培训长春分中心、教师教育研究院、教师教育研究所、国际与比较教育研究所、高等教育研究所、儿童发展研究中心、认知与脑科学吉林省高校重点实验室、长春基础教育研究院、东北民族教育研究中心、基础教育质量监测与评价中心、青少年生涯教育研究中心、家庭与学校合作教育研究中心
		期刊出版机构	《中小学教师培训》杂志社、《外国教育研究》编辑部

需要注意的是，组建教育学部的这三所师范大学都是教育部直属师范大学，教育学科实力强劲，特别是北京师范大学和华东师范大学为“985 工程”高校，在学科评估中教育学科一直保持着 A+的实力，是我国师范大学的旗帜和标杆。北京师范大学组建教育学部是落实学校“十五”规划制定的向“综合性研究型大学”转型战略的具体举措。这三所师范大学组建教育学部的初衷是进一步整合高校内教育科学资源，加强机构的联合与交流，从整体上提升教育学科的综合实力。不可否认，教师教育质量的提高离不开教育学科的发展，但两者并不能直接画等号，教育学科建设涵盖的内容比教师教育学科涵盖的内容更广泛，教师研究只是教育研究中的一部分。提升师范大学教育学科的实力和影响力，打造师范大学的教育学科品牌，能够间接提升教育的质量，但其影响到底有多大，还需要长时间细致、综合地评价。在这三所部属师范大学组建教育学部之后，一些省属重点师范大学也相继开展类似的组织变革，这种变革趋

势值得关注。

另一个值得关注的是，华南师范大学教师教育学部的成立。该教师教育学部成立于2018年2月，是华南师范大学在积极响应党中央、国务院《关于全面深化新时代教师教育改革的意见》、全面落实广东省建设“新师范”战略背景下成立的。其目的在于通过改革形成充满活力、富有效率、更加开放、更加有利于教师教育学科建设以及教师教育事业发展的创新型内部管理体制，在资源整合的基础上激发教师教育基层学术组织的活力和自我发展能力，推动教师教育学科繁荣和体系优化，实现华南师范大学在新时代“教师教育强特色，学科水平上台阶”发展目标。学部下设新师范学院、教师发展学院、教师教育实训中心、教师发展评估中心4个内设机构，与粤港澳大湾区教师教育学院及广东省教育厅批准在华南师范大学设立的“省级中小学教师发展中心”合署办公，华南师范大学教育硕士中心挂靠中心。华南师范大学在现有的教育科学学院（特殊教育学院）、心理学院、基础教育学院、教育信息技术学院和职业教育学院的基础上，在全国成立第一个教师教育学部，顾明远称赞其为“我国教师教育体系建设的创举”。其统筹协调师范生培养工作，是师范大学内部管理体制的创新，也是我国教师教育组织机构变革的有益尝试，其运行机制和效果还有待时间检验。

（2）机构名称杂

我国师范大学内部所设立的教师教育组织机构不仅数量多，而且名称多样。据不完全统计，师范大学内部所设立的教师教育组织机构名称多达34种。其中，有18所师范大学设有教育科学学院，占师范大学总数的43%；14所师范大学设置的是教育学院，占师范大学总数的33%；12所师范大学成立了教师教育学院，占师范大学总数的29%；8所师范大学成立了初等教育学院，占师范大学总数的19%；7所师范大学设有心理学院，占师范院校总数的17%。3所部属师范大学成立教育学部；3所师范大学成立教师教育研究中心；2所师范大学设立教师教育处；2所师范大学在教务处设立教师教育科；2所师范大学设立职业教育学院。其他24种教师教育组织机构都只有1所师范大学设置。从名称上分析，我国师范大学的教师教育组织机构设置既是多样的，也是混乱的。这种现象反映出我国师范大学教师教育组织机构的性质和发展目标不明确。[1]

（3）资源分散

教师教育活动的开展离不开师范院校所拥有的教师教育资源及对资源的配置和运作。教师教育资源主要是指教师教育活动赖以开展的各种条件，可以分为组织资源、制度资源、人力资源、财务资源和实践资源。[2]教师教育资源的分布对教师教育活动的质量和效益有着重要影响。调查发现，师范大学由于机构多元分散，内部教师教育资源缺乏有效整合。这正是师范大学成立教师教育学院的初衷之一，也是师范大学内部教师教育改革难点所在。

首先来看学生资源的分布情况。师范生（教师教育专业学生）是师范大学教师教育资源的重要组成部分，其学籍归属问题是师范大学教师教育管理运行机制的重要内容，不仅影响师范生的人才培养模式，而且影响师范大学内部组织机构之间（尤其是教师教育组织机构与其他文理学科学院之间）的利益分配问题。表 4-9 的调查结果显示，目前师范大学师范生的学籍归属分为两种情况：一是归属于基础学科学院，这是长期以来师范大学举全校之力办师范教育所形成的模式，因为基础学科学院长久以来对应中小学课程开设师范专业，招收师范生。二是归属教育科学学院或教师教育科学学院，这又包括两种情况：①教育科学学院或教师教育学院独立开办的本科师范专业，如教育学、学前教育等专业，学生自然归属教育科学学院或教师教育学院；②学校将师范专业统一安排到教师教育学院，专门开展教师教育，如南京师范大学从 2001 年起，10 个教师教育类本科专业由教师教育学院负责招生和管理。

表 4-9　师范生的学籍归属问题统计

贵校师范生（教师教育专业学生）的学籍归属	人数/人	百分比/%
A．各学科学院	114	50.44
B．教育（科学）学院	25	11.06
C．教师教育学院	14	6.19
D．各学科学院和教育（科学）学院	32	14.16
E．各学科学院和教师教育学院	17	7.53
F．不清楚	24	10.62
合计	226	100

① 张斌贤. 转型期高校教育院（系）发展的困境与战略选择：2006 年全国高校教育学院院长工作研讨会综述. 无锡教育学院学报，2006（4）：1-3.

② 朱旭东，袁丽. 论二次转型背景下大学教师教育资源整合. 教师教育研究，2016（3）：1-6.

接着，分析学科教学论师资的分布情况（表 4-10）。

表 4-10 学科课程与教学论师资机构分布统计

贵校学科课程与教学论的师资分布	人数/人	百分比/%
A．各学科学院	140	61.95
B．教育（科学）学院	43	19.03
C．教师教育学院	38	16.81
D．不清楚	5	2.21
合计	226	100

教师是师范大学重要的教师教育资源之一。教师教育资源主要包括三类：一是承担教育专业课程或教育类课程的教师，这类教师主要分布在教育科学学院或教师教育学院等院系中，主要负责学院教育类本科专业的课程教学和人才培养工作；二是学科教学论教师，这类教师主要承担师范大学师范生的学科教学法课程；三是教师教育的管理人员，主要是师范大学主管教师教育工作的校领导、校级职能部门（教务处的教师教育科）的工作人员。在这三类人员中，学科教学论教师成为师范大学在配置教师教育资源时遇到的难题，这既涉及学科教学论教师的专业地位，也涉及他们的经济利益。有的师范大学将学科教学论教师分布在基础学科学院，这使得学科教学论教师具有一定的学科归属感，便于与学科专业教师进行学术交流，学生在学习过程中将学科教学论教师视为“自己学院的教师”，将学科教学论课程视为“专业课程”。不可忽视的问题是，学科教学论教师在基础学科学院的地位并不如想象那般明朗，处于比较尴尬的境地，与学科专业教师比较，他们在自身的专业发展和经济利益方面处于弱势地位。学科教学论教师主要从事课程与教学研究，关注中小学课程与教学的变化，强调实践性。在学科专业教师看来，这类研究学术水平较低，在论文发表、课程申报、职称评审等方面都处于不利地位。

在访谈中，从事无机化学研究和教学的杨教授的观点比较有代表性，他指出：

我之前一直从事无机化学的专业研究，评上教授职称以后才有精力和时间开展化学学科教学研究。化学学科教学研究感觉难以发表高水平论文，在职称评审方面不占优势，学校的科研奖励也很有限。评上教授职称以后，带着相关研究生，我开始研究化学教学，每年发表2—3篇化学学科教学论文，到中小学开展横向课题研究和开设学术讲座。但我每年仍坚持发表1—2篇SCI论文，因为这关系到我的专业地位和生活水平问题。

有的师范大学将学科教学论教师集中于教育科学学院或教师教育学院，这种分布使得学科教学论教师能够有意识地关注中小学教育，重视课程与教学研究，但从空间上隔离了他们与学科教师的联系，也影响了师范生对他们的专业认同。因为一旦他们进入教育科学学院或教师教育学院，归属于基础学科学院的师范生就会自然地将他们视为“别的学院老师”，将学科教学论课程视为“公共课程”，况且学科教学论教师在学科专业与教育专业之间徘徊，与专门从事教育理论研究的教育专业教师也很难真正融合到一起。

在调查中，B师范大学的教务处陈处长就学科教学论师资分布问题的观点具有代表性：

我们学校进行教师教育改革中的一个难题是学科教学论的师资队伍建设问题。长期以来，学科教学论教师分布在各学科学院，处于松散的管理状态。学校想把这些教师组织起来开展教学研讨活动，促进他们的专业成长，形成学校教师教育的特色，但困难重重。一是各学科教学论教师，人数少，在学科学院中处于边缘地位，没有形成团队，有的学院成立了学科教学论教研室还好点，没有成立教研室的教师处于散兵游勇的状态。二是学校对学科教学论教师的管理机制不合理。教育科学学院有从事课程与教学论基本理论研究的教师资源，但没有对其他学科学院教师的管理权限，要组织学术沙龙，需要通过教务处等机构来协调，教育科学学院和各学科学院参与的积极性不高。而教务处事务多，在学科教学论教师的管理及专业发展中缺乏明确的责任和思路，积极性也不高。我认为学校需要有一个合适的、专门的机构来对学科教学论教师进行管理，这样才能关系明确、责任明确、凝聚力强，队伍建设才能有成效。

一位化学学科教学论教师对自己在学院中的地位表露出无奈的态度：

我们从事化学学科教学论的教师在学院中处于不上不下的地位。“不上”是与非师范专业、从事化学专业课程教学和研究的教师相比，研究档次上不去；“不下”是指我们的教学应面向中小学课程与教学改革，但由于学校制度和个人发展因素，在教学和研究中没有下到中小学。

一位数学学科教学论教师则认为：

学科教学论教师的地位与在哪个学院关系不大，主要与领导是否重视教师教育、是否重视学科教学有关。我们学校有四十多年的师范教育传统，学校领导一直强调学校的教师教育特色，但我感觉是口号震天响，行动不落实。如果真正重视我们这类人的作用，致力于打造教师教育特色的话，必然有相应的政策和行动，我们在学院中的地位必然提高。最起码，每个学院设置一个学科教学论教研室是可行的吧，至少能形成一个团队，不孤单。

三、教师教育组织职责不清，管理机制不畅

多个教师教育机构同时并存于师范大学内，都参与教师教育工作，但人多不一定力量大，这在社会生活中已经被充分证明。在组织设计中，机构臃肿、人浮于事是不利于组织效率提升的。在我国师范大学内部，教师教育管理所存在的一大问题就是组织职责不清，管理机制不畅。

（一）组织机构属性多样

根据教师教育组织机构承担的主要任务和职能，可将我国师范大学内部所设立的教师教育组织机构大致分为教学机构、管理机构、研究机构和培训机构四种。教学机构大多是师范大学中的二级学院，主要承担教育类专业人才培养和师范生教师教育类课程教学任务。学院设有本科专业，招收本科生，主要以教育科学学院、教育学院、初等教育学院、学前教育学院、心理学院、教师教育学院命名；管理机构作为职能部门，一般在教务处设立教师教育科、教师教育管理办公室或单独设置教师教育处，负责学校教师教育的统筹、协调、管理工作，少数师范大学为了特定的业务设立了专门的管理机构，如负责顶岗执教活动的顶岗支教指导中心、负责协调管理免费师范生教育的免费师范生院以及专门负责教育实习工作的教师教育实习中心，有的师范大学成立的教师教育学

院也具有管理职能；科研机构主要从事教育科学研究和教师教育理论和政策研究，其主要目标是开展学科建设，提升师范大学教育学科水平，为教师教育提供理论支持，这类机构以教育（科学）研究院、教师教育研究中心为代表；培训机构主要开展教师培训工作，承担教师继续教育和国培、省培任务，承担教师教育一体化的重要职能，这类机构以教师培训学院、教师干部管理学院为代表。部分有代表性的师范大学教师教育学院机构与属性如表 4-11 所示。

表 4-11　部分有代表性的师范大学教师教育学院机构职能与属性

机构名称	机构职能	机构属性
北京师范大学教师教育学院	统筹全校免费师范生、选修教师教育课程模块学生的培养工作以及免费师范生返校在职攻读教育硕士工作；负责规划、组织和协调全校学科教学的相关研究资源，搭建共同开展学术研究的平台，深入开展高素质教师培养的理论和实践研究，指导教师教育人才培养工作	管理机构
天津师范大学教师教育学院	承担着数学课程与教学论博士生，语文、英语、数学、物理、化学、历史、地理、生物等八个专业全日制教育硕士、学科课程与教学论硕士生和在职教育硕士的培养教育工作；承担着全校两千余名本科生修读教师教育系列课程教学及教育见习、实习的指导工作。承担教育部示范性（数学）培训项目和（中西部地区）中小学校长助力工程培训项目，承接天津市教委第五周期全科中小学教师网络培训和中学校长任职资格和在职校长提高培训工作，承担区县实验员实验技能培训和新入职教师培训工作，负责新疆双语骨干教师的培训工作	教学学院、培训机构
山西师范大学教师教育学院	除承担教育类各专业全日制本科生和研究生的培养任务外，还担负着面向全校师范类专业学生的教师专业素养职前培养和主要面向山西省幼儿园、中小学教师职后培训以及高校教师岗前培训等任务	教学学院、培训机构
华东师范大学教师教育学院	整合校内各个系科学教育学的师资力量，负责整体规划与推动全校教师教育工作；研究生层面培养师资	教学学院、管理机构
哈尔滨师范大学教师教育学院	负责学生的学科教育理论和教育技能的培养；负责组织和指导学院学生教育实习与实践活动；负责教育硕士的培养与管理；负责学科教学论硕士研究生的培养；负责学科课程与教学论博士研究生的培养；负责组织和指导教育硕士、学科课程与教学论硕士和学科教学论博士的教育实习与实践活动	教学学院
南京师范大学教师教育学院	汉语言文学（师范）、数学与应用数学（师范）、英语（师范）、历史学（师范）、思想政治教育（师范）、计算机科学与技术（师范）、物理学（师范）、化学（师范）、生物科学（师范）、地理科学（师范）等 10 个专业师范生培养，音、体、美、教育技术等其他专业在校师范生教师专业化培养工作和全校师范生教师资格证书管理工作，对符合教师资格申请及毕业条件的学生办理教师资格认证	教学学院、研究机构、管理机构、培训机构
江苏师范大学教师教育学院	负责师范类专业学生教师教育素养和能力培养；协助校研究生院归口管理全校教育硕士培养；开展基础教育师资职后培训；致力教师教育发展与改革研究；对外强化与地方基础教育接轨，对内加强与各专业学院的沟通与合作	教学学院、研究机构、管理机构、培训机构
福建师范大学教师教育学院	负责全校师范类学生的职前培养工作；组织教师教育课程教师和各学科教学论教师的业务培训、研讨和研究活动；负责教师资格证书的办理；与各级教育行政部门、中小学紧密联系建立制度性合作关系；负责全校师范生教师职业能力训练与测试；承担“国培计划”、福建省中小学学科带头人培养等各层次教师培训的组织和管理工作；负责全校教育硕士教育类课程的设置、组织与管理工作；负责教师教育和基础教育的理论与实践研究工作；负责有关教师教育改革信息的搜集与整理，有关教师教育网站的建设、更新与维护	教学学院、管理机构、培训机构

续表

机构名称	机构职能	机构属性
华中师范大学教师教育学院	工作业务涉及师范生职业能力培训与测试、中南高师师资培训、中小学教师“国培计划”培训、普通话培训与测试、华中师范大学语言文字工作、教育研究工作、学科教学论教师队伍建设与管理工作、教师教育资源开发与建设，教师资格证考试、华中师范大学教师教学能力发展等方面	管理机构、培训机构
广西师范大学教师教育学院	负责全校教师教育工作的统筹规划、指导协调、组织管理、监督评价等，并代表学校开展教师教育业务的对外交流、协调合作	管理机构
西华师范大学教师教育学院	主要承担全校教师教育通识课程“教育学”“心理学”的教学任务，同时承担国家级、省级、民族地区和地市级教师培训任务	教学机构、培训机构
云南师范大学教师教育学院	云南师范大学本科“双学位”教育管理、云南省高等学校教师教育联盟工作、云南师范大学语言文字工作、云南师范大学教师资格申报认定工作等	管理机构

师范大学教师教育学院机构属性如表 4-12 所示。

表 4-12　师范大学教师教育学院机构属性统计表

机构属性	教学学院	管理机构	研究机构	培训机构
个数/个	8	8	2	8
百分比/%	66.67	66.67	16.67	66.67

以教师教育学院为例，通过问卷调查、访谈调查和查阅各师范大学教师教育学院的网站和相关文本发现，12 所师范大学的教师教育学院只有 4 所学院具有单一属性，其中 3 所学院为管理机构，负责统筹、协调和管理本校教师教育相关资源和事务；1 所为教学学院，主要负责学生的教育理论和教育技能的培养，负责教育硕士、学科教学论硕士生和博士生的培养工作；5 所学院同时具有两种机构属性；1 所师范大学教师教育学院具有教学、管理和培训三种机构属性；2 所师范大学教师教育学院同时具有 4 种属性。在这 4 种机构属性中，具有研究机构的教师教育学院只有 2 所，比例仅有 16.67%，其他三种机构属性的机构个数相同，都是 8 个。

值得注意的是，华南师范大学教育学部的功能定位是统筹全校教师教育资源，统领全校教师教育工作，促进教师教育职前职后一体化发展。承担师范生协同培养、教师（校长）职后专业发展、教师教育专业技能实训、教育硕士培养与协同管理等功能。其学院简介中的“功能定位”是教学-科研-管理型单位，但其业务范围包括基础教育教师职后培训，所以其机构属性应该是教学、科研、管理和培训 4 种。

其实，这4种机构的属性难以截然分开，因为不管是从事学生培养的教学机构还是从事教师在职培训和继续教育的培训机构，都离不开对资源的整合和管理，都需要教师教育研究提供理论支撑，多种机构属性的整合有利于教师教育活动多种功能的整合，但也容易导致职责模糊、精力分散，这是组织机构运行中需要处理的问题。

通过查看我国师范大学教师教育组织机构的简介和相关文献、访谈调查发现，组织机构与组织属性之间的关系是多样的：既有一对一的关系，即一个教师教育组织机构只具有单一的组织属性，也有一对多的关系，即一个教师教育组织机构同时具备两种或两种以上的组织属性。一个组织同时具备多种组织属性，可能出现组织机构定位模糊、目标不明确、资源分散等问题，不利于组织效能的提升。正是因为组织机构与组织属性之间的多样化关系，师范大学内部教师教育组织机构设置存在多样化的特点：不同师范大学内部组织机构数量不同、名称不同、机构属性不同。这反映了组织机构设置中存在的不规范问题，也与教师教育内涵的丰富性有关。

教师教育突破了传统师范教育只关注教师职前培养的局限，将教师职前培养和职后培训结合起来，师范大学需要适应这一发展趋势，机构的职能需要相应地进行拓展。但是，师范大学内部的教师教育组织机构应该如何定位？如何分工？怎样才能通过资源的优化配置提升教师教育有效性？这些都是师范大学进行组织设计和组织变革不可回避的问题。

（二）组织机构职能交叉

与上述问题相联系，教师教育机构存在的另一突出问题是师范大学内同时存在的多个教师教育机构职能交叉，导致政出多门、管理机制不畅。

通过前面的统计与调查发现，大多数师范大学同时有教育科学学院（或教育学院）和教师教育学院（或教师专业发展学院），但这两个学院在实际运行过程中职能有重叠或交叉，这在很大程度上与教师教育组织机构的职能分工不明有关。

1. 教育（科学）学院的职能与实际发挥的作用

教育（科学）学院是我国师范大学中教师教育组织机构的主体，其本身既培养教育类专业学生，也参与全校师范生的培养和管理工作，同时，教育科学学院的学科建设和学术研究为师范大学的教师教育提供理论支撑和引领，是师范大学教师教育特色的标志之一。

了解现有的教师教育组织机构实际在干什么，是推进师范大学教师教育组织变革的前提。表 4-13 的调查结果显示，教育（科学）学院实际发挥的功能主要包括参与师范专业学生的培养、教育类学术人才培养、教育科学研究与学科建设、师范生的教师教育课程教学、为中小学提供指导服务等多个方面，72.43%的调查对象认为教育（科学）学院主要功能是教育科学研究和学科建设，53.27%的调查对象认为教育（科学）学院的实际功能是师范专业学生的培养，这说明师范大学教师教育组织的实际功能与其最初的功能定位存在偏差，教育（科学）学院主要是研究教师，而不是培养教师。正是这种功能偏差，使得一些师范大学在现有教育（科学）学院的同时设立教师教育学院，专门承担教师教育任务。分析师范大学教师教育组织偏差产生的缘由，可以更深刻地洞察和理解师范大学发展路径的多重逻辑。

表 4-13　教育（科学）学院的实际功能统计（N=214）

贵校教育（科学）学院的实际功能（多选题）	人数/人	百分比/%
A．师范专业学生的培养	114	53.27
B．教育类学术人才培养	139	64.95
C．教育科学研究与学科建设	155	72.43
D．师范生的教师教育课程教学	125	58.41
E．为中小学提供指导服务	105	49.07
F．其他	3	1.40

表 4-14 的调查结果显示，教育（科学）学院在师范生培养中所承担的主要任务是讲授教师教育类课程，这是因为师范大学教育学科的教师主要集中在教育科学学院，他们具有教育学科背景，能胜任教师教育类课程的教学任务。但在组织师范生参加教育实习、师范生的培训和管理、开展教师技能训练和考核等方面，教育科学学院发挥的作用有限，这些任务大多由教务处等职能部门承担。

表 4-14 教育（科学）学院在师范生培养中所承担的任务统计（N=214）

教育（科学）学院在师范生培养中所承担的任务（多选题）	人数/人	百分比/%
A．讲授教师教育类课程	194	90.65
B．组织师范生参加教育实习	81	37.85
C．师范生的培养和管理	69	32.24
D．开展教师技能训练与考核	83	38.79
E．其他	9	4.21

2. 教师（科学）学院的职能与实际作用

自 2001 年 5 月第一所师范学院在合并后的江苏大学成立以来，在全国 300 多所参与教师教育的综合性大学和师范大学中，有 50 多所成立了教师教育学院。[①]在 50 所师范大学中，有 12 所成立了教师教育学院。教师（科学）学院建立的原因主要有三类：一是政府主管部门的政策引导。2007 年，国家为了推进教育公平，解决中西部和农村边远地区基础教育师资不足、质量不高的问题，在 6 所教育部直属师范大学实施免费师范生教育政策，对相关院校的教师教育提出了新要求，北京师范大学和华中师范大学为了配合政策的实施，就在校内新建或重组机构成立了教师教育学院来具体承担免费师范生的培养任务。二是地方政府的推动。地方政府为了推动当地经济社会发展，大力发展教育事业，加大对教师教育的投入力度。为实现教师职前培养、职后培训一体化，山东省计划在五年时间里投入 1.1 亿元，鼓励和支持高等师范院校或高水平大学组建教师教育学院，在此基础上建设省级教师教育基地，提升本省教师教育水平和教育质量。[②]三是高校自主的改革行为。师范大学在总结办学经验、制定发展规划的过程中发现，缺乏协调、合理的教师教育管理运行机制，分散办学导致资源难以集中有效利用，未能实现办学效益的最大化。[③]教师教育的体制机制创新就成为师范大学教师教育改革的突破口。整合教师教育资源，办好办强教师教育，强化教师教育特色成为

① 张斌贤，董静．“教师教育学院现象”与师范院校的发展战略．高等教育研究，2012（10）：30-36.

② 张兴华．山东投 1.1 亿元建教师教育学院．中国教育报，2011-06-29（2）.

③ 2011 首都教育发展协同创新中心课题组，劳凯声．教师教育模式的变革：关于首都师范大学办学转型的初步研究．首都师范大学学报（社会科学版），2014（4）：1-10.

师范大学成立教师教育学院的共同期待。各师范大学成立教师教育学院的动因详情见表 4-15。

表 4-15　部分师范大学成立教师教育学院的动因统计

院校名称	机构成立的动因
华东师范大学	整合校内各个系科学科教学的师资力量，负责整体规划与推动全校教师教育工作
华中师范大学	充分彰显学校教师教育特色，整合内部资源
南京师范大学	统筹校内外各种教师教育资源，弘扬学校百年教师教育的办学特色和优势
浙江师范大学	为深化教师教育改革，打造教师教育品牌，探索新型教师培养模式，整合相关教师教育资源
福建师范大学	统筹校内外各种教师教育资源，弘扬学校百年教师教育的办学特色和优势，打造福建省高水平教师教育专业人才培养基地及教师教育理论研究基地
哈尔滨师范大学	落实《黑龙江高等教育综合改革试点实施方案》，实施"卓越教师培养计划"，推进人才培养模式改革和教师教育改革示范区建设，以构建职业化、专业化的新型教师教育体系
江苏师范大学	根据国家关于建立开放灵活的现代教师教育体系的要求，整合全校教师教育优质资源，为在学校综合性学科专业体系中相对独立地开展教师教育专业教学、科研与管理工作而设置的校属二级学院
山西师范大学	本着强化高师院校教师教育特色、建立职前职后一体化的教师教育体系、提高教师教育质量的宗旨，整合校内外教师教育资源
沈阳师范大学	依据国际教师教育潮流，顺应国家教师教育改革思路，主动引领基础教育改革发展需要，实现教师教育战略转变，促进教师专业发展而组建的校内二级学院
西华师范大学	为了整合全校教师教育资源，强化职前培养和职后培训一体化功能，提升教师教育质量，彰显教师教育特色
云南师范大学	整合校内教师教育专门力量和优势资源，负责统筹协调、组织实施教师培养和教师培训，开设各类教师专业教育课程
四川师范大学	为了适应教师教育改革发展的需要于 2005 年 8 月成立教师教育学院，它是一个以教师职前培养与职后培训一体化，集教学、研究、管理于一身的专业性教师教育机构

资料来源：各师范大学教师教育学院网站学院简介或学院概况。

教师教育学院应当是在教师教育转型和师范院校综合化进程中，具体承担师范大学教师教育任务的专门机构，其承担着多重角色：①专门的教师培养机构。师范大学综合化以后，教师教育活动需重新定位，需要专门的机构承担教师职前培养任务。教师教育学院不仅承担教师教育类本科生的培养任务，还应承担硕士、博士研究生的培养任务。教师培养机构的角色定位应该是师范大学成立教师教育学院的基本要求，期望教师教育学院能创新教师培养模式，提升教师培养质量。②教师教育的研究机构。当代社会和教育的发展，使得教师教育活动日益专业化和复杂化，需要开展专门的研究以提升教师教育活动的效益。教师教育学院作为专门承担教师教育使命的机构，理应承担研究的重任，以支持和促进教师培养。③教师专业发展基地。教师教育一体化的发展趋势要求师范大学不仅承担教师职前培养任务，还需要承担教师职后培训的任务，促进教师专业的可持续发展。教师教育学院理应成为教师专业发展的基地，为教师在职继续教育服务。④教师资格认证机构。教师教育从过去的学历教育转变为学历教育基础上的资格认证，不断提高教师的素质。师范大学的教师教育学院拥有开展教师教育活动的传统和优势，在教师资格认证方面具有较大的权威性，应当成为教师教育资格认证机构，这也有利于师范大学教师教育活动的开展，为学生在教育领域就业提供便利。⑤高师院校与中小学互动的桥梁和纽带。师范大学的教师教育学院具有与中小学合作的强烈需要和天然优势。通过与中小学合作，教师教育学院的教学改革、科研研究和社会服务更具有针对性，能充分展示办学实力，形成办学特色，扩大办学影响。应然的角色定位并不一定能够落实转化为实际功能。

表 4-16 和表 4-17 的调查结果显示，教师教育学院实际发挥的功能主要是师范生的培养和管理（58.96%）、师范生职业技能培训和考核（50.75%）、教育研究（48.51%）、教师继续教育和培训服务（48.51%）、为中小学教学和课题提供指导服务（41.79%），教师资格认证的功能发挥欠佳，因为教师资格认证考试目前仅有部分省份进行试点，2015 年全国正式实施以后对师范大学的教师教育改革产生影响，教师教育学院在教师资格认证方面的功能得到更好发挥。

表 4-16 教师教育学院的角色定位统计表（*N*=134）

教师教育学院的角色定位（多选题）	人数/人	百分比/%
A. 专门的教师培养机构	80	59.70
B. 教师教育研究机构	66	49.20
C. 教师专业发展基地	72	53.73
D. 教师资格认证机构	17	12.69
E. 高师院校与中小学互动的桥梁和纽带	56	41.79
F. 其他	7	5.22

表 4-17 教师教育学院所发挥的实际功能统计表（*N*=134）

教师教育学院所发挥的实际功能（多选题）	人数/人	百分比/%
A. 师范生的培养和管理	79	58.96
B. 教育研究	65	48.51
C. 教师资格认证	17	12.69
D. 教师继续教育和培训服务	65	48.51

续表

教师教育学院所发挥的实际功能（多选题）	人数/人	百分比/%
E. 师范生职业技能培训和考核	68	50.75
F. 为中小学教学和课题提供指导服务	56	41.79
G. 其他	7	5.22

3. 师范生教育实习的管理

师范生教育实习是教师职前培养的重要环节，是教师教育理论与实践相结合的重要途径。师范大学非常重视教育实习的组织和管理，教育实习时间的长短、组织形式和管理机制对教育实习的效果都会产生重要的影响。长期以来，师范大学的教育实习因为时间短（一般6周左右）、实习与理论学习脱节、实习指导流于形式等被广为诟病。

近年来，在借鉴世界教师教育经验的基础上，各师范大学对教育实习进行了不同形式的改革。一是延长实习时间。一些师范大学将教育实习时间延长为一个学期，有的师范大学因为承担了国培计划，刚好可以利用顶岗实习的机会让师范生在中小学进行实践锻炼，置换中小学教师到师范大学接受培训。也有的师范大学采取支教实习的方式让学生在中小学实习一年。实习时间的延长使师范生的实践机会大大增加，教育教学技能得到了充分锻炼。二是采取分段实习、多次实习的方式将理论学习与教育实习穿插进行。长时间集中实习一般安排在大三年级或大四上学期，主要是在学生完成理论课程学习的基础上展开，导致理论与实践分离。师范大学在反思的基础上采取分散实习与集中实习相结合，在大一、大二每个学期结合所学课程，安排一到两周的教育实习，增强学生理论学习的兴趣，培养学生的专业精神，不断进行理论反思和实践锻炼。三是采取学生自主学习和学校集中安排实习相结合的方式，加强实习中的指导和实习过程的管理。由于实习基地的数量与师范生数量之间的差异，学生统一安排教育实习有一定的困难。同时，考虑到部分学生就业、考研的需要，很多师范大学在教育实习组织中采取学生自主与学校集中安排相结合的方式，适当控制自主实习的比例，加强对实习过程中的指导和检查，使师范生教育实习落到实处。在教育实习改革中，谁来组织和管理师范生的教育实习是教师实习管理机制的重要内容。

表4-18的调查结果显示，42.03%的教师选择教务处，32.30%的教师选择

文理学科学院，这是目前我国师范大学教育实习管理的主要形式。教务处是学校教学管理的职能部门，教育实习是教学活动的重要环节，教务处组织教育实习具有合法性和可行性。尤其是在教育实习基地的建设、教育实习经费的分配等方面具有文理学科学院无法比拟的优势，但师范大学师范专业多，规模大，实习指导教师的配置、实习生的分配和组队、实习过程的督导、实习经费的管理等都需要文理学科学院来配合执行。就现实而言，教务处和文理学科学院相配合，共同负责教育实习是主流模式。调查发现，一些师范大学成立的教师教育学院也具备组织管理的职能，负责师范生的教育实习活动，还有一些师范大学专门成立了实习支教中心等机构，负责教育实习工作。

表 4-18 师范大学教育实习管理机构调查统计表

负责师范生（教师教育专业学生）教育实习的机构	人数/人	百分比/%
A. 各学科学院	73	32.30
B. 教育（科学）学院	17	7.52
C. 教师教育学院	30	13.27
D. 教师教育研究中心	4	1.77
E. 教务处	95	42.03
F. 其他	7	3.10
合计	226	100

在访谈中，一位地方师范大学主管教学工作的副校长谈到了自己在实习管理中的尴尬：

学校和老师都知道教育实习在学生培养中的重要地位，但实际中教育实习存在很多难以厘清的关系。首先是实习基地的建设与管理。学校教务处出台政策，要求各学院加强实习基地的建设，有统一的实习基地协议书，有一定的经费支持政策，但基地建设的具体标准和操作规范由各学院自己掌握，这导致很多学院实习基地主要依靠领导和教师个人与中小学的关系建立，大多没有很规范的运行制度，主要是每年 9 月份接收实习生的教育实习，平常缺乏互动和往来，对实习学校没有多少实际的帮助，反而会干扰和影响学校的正常教学，中小学学校维持关系的多，积极参与师范生培养的少。在这个方面比较突出的问题是学院各自为政，导致与学校相邻的中小学校同时与5个学院签订了协议，工作重复而且存在争抢资源问题；其次是师范生教育实习的分配与管理。现在教科院的教育学专业学生实习与学校其他师范专业由教务处统一安排，分配到中小学，而教科院的小学教育、特殊教育和学前教育需要教科院自己联系实习单位，安排实习，在实习指导老师派遣和实习生接送等方面存在难处，既要参与学校教务处的统一安排，又要负责自主管理的实习生，实习指导老师大多是大四毕业班班主任，这导致指导老师不够分。最后，管理权限也有冲突。现在学校每年有1600人左右参加教育实习，但学校考虑到路途远近、安全和管理等因素，主要是在省内中小学安排实习，实习基地数量有限，每个实习基地接收实习生的容量有限。所以，有一部分学生需要自主联系实习单位，不能参加统一安排的教育实习，这给部分同学带来了便利。近几年，考研人数增加，很多考研的学生希望自主实习，有更多的时间用于复习备考，不太愿意参加统一实习。与此同时，国培计划的实施，尤其是顶岗置换项目要求有实习生到培训教师所在学校顶岗实习，这些关系的处理比较麻烦。教务处不考虑各学院实际，只负责下达人数指标，内部矛盾全由各学院解决。这些都导致教育实习工作难上加难。

四、教师教育组织运行不畅，作用发挥有限

教师教育学院作为师范大学在教师教育大学化和教师教育专业化背景下的制度创新，出现的时间不是很长，但在实际运行过程中暴露出一些问题。

（一）资源难以有效整合

教师教育学院作为师范大学专门承担教师教育任务的机构，其成立的初衷之一就是整合师范大学所有的教师教育资源，集中力量办好教师教育但是，师范院校长期以来所形成的管理体制和资源配置体系形成了路径依赖，要想改变原有的资源配置方式会遇到很大阻力，其中涉及制度的变革和利益的重新分配。调查后发现，其最大的难点是学科教学论师资的整合问题。原来师范大学将学科教学论教师分散在文理学科学院，依托学科专业开展教学工作和科学研究，但对教师教育关注不够，他们的专业发展处于自发状态。

教师教育学院可以将学科教学论教师和教育类专业课程教师集中起来统一管理，加强教师教育研究，但这些教师在身份认同、教师考核、职称晋升等方面都面临现实难题，存在利益冲突和矛盾，所以大多数学校仍维持原来分散管理的格局。

（二）运行机制不够顺畅

师范大学创建教师教育学院，既是师范大学组织机构的变化，也是师范大学的教师教育模式的创新。无论教师教育机构是采用何种方式成立的，是新建也好，还是原有机构经过合并和重组也好，都涉及教师教育资源的重新分配、教师教育管理体制的改革以及机构之间关系的调整与变化。对教师教育学院而言，最直接的问题就是在科层管理体制中，教师教育学院与学校职能部门尤其是教务处的关系问题，以及教师教育学院与其他文理学科学院的关系问题，管理关系不明确，导致教师教育学院难以调动教师教育资源，进而使得教师教育管理体制不顺畅，运行效率不高。

（三）利益冲突难以协调

利益冲突是任何改革都绕不过去的阻碍①，教师教育学院的改革中也不能回避利益冲突。利益冲突既有直接的经济和资源冲突，也有因学科专业冲突和文化冲突而带来的利益冲突，导致教师教育学院的改革进展缓慢。目前，框架性的教师教育学院居多，主要是对师范大学的教师教育活动进行协调和组织，而真正意义上的实体性教师教育学院较少，其主要原因就在于利益冲突难以协调，尤其是教师和学生归属带来的人事与财务纠纷，在实际的运行过程中出现抵制、推诿和扯皮的现象。

（四）缺乏有效政策支持

教师教育学院可被看作教师教育转型和师范大学综合化背景下教师教育模式的创新，不是原有教育科学学院模式的复制，也不能简单移植师范教育的管理体制。教师教育学院尝试学科专业和教育专业的分离，学生在校学习时数在一定的模式下不能简单进行加减，这样会造成此消彼长，这也是师范性与学术

① 吴康宁. 地位与利益：教师教育改革的两大制约因素. 当代教师教育，2009（3）：1-6.

性争论的缘由之一。可行的探索是提升教师教育培养的层次，将教育专业教师提升到研究生层次，这样既能保证学科专业和通识教育的质量，也能保障教育专业的质量，实现学术性与师范性的真正融合。华东师范大学成立的教师教育学院将教育硕士作为教师培养的主要渠道，这就需要教育行政部门相关政策的支持，比如经过培养的教育硕士能自动获得教师资格证书，以吸引优秀大学生报考教育硕士，为基础教育培养高质量师资。

（五）制度保障不够健全

教师教育学院的改革涉及教师、学生和学院的权利和利益保障，如果相关主体的权利没有得到应有的保障，那么，改革将很难取得实质性进展。对于教师而言，其专业自主发展的权利、教师考核和评审的权利都需要得到相关制度的保障，才能使教师教育者不至于成为师范大学的弱势群体，才有信心和动力投入到教师教育活动中去；对于学生而言，其学位获取与就业竞争力如何，就直接影响学生对于教师教育学院或教师教育专业的认同度；对于教师教育学院而言，其与文理学科学院相比，在学术发展和资源获得方面不占优势，需要特殊的考核评价机制，否则，学院及其师生的利益难以得到保证，更别提学院地位和声誉的提升了。目前，这些方面都缺乏相应的制度保障，严重制约和影响教师教育学院的正常运行。

（六）学科基础较为薄弱

学科不仅是一种知识理论体系，而且是一种社会建制，对大学的专业教育活动有着重要的影响。教师职业的双学科专业性导致单一的文理学科或是单一的教育学科都不能成为教师教育的学科基础，只能是学科专业和教育学科的有机结合才能真正构成教师教育的知识基础和学科基础。在这一背景下，教师教育学科建设问题进入学者的研究视野。有学者提出，培养专业教师，建立教师教育专业学院，都需要建立教师教育学科制度，只有在这种学科制度体系下，教师培养才名正言顺，才能理直气壮地不寄人篱下。[①]从这个意义上而言，教师教育学科是教师教育学院建立的内在逻辑。[②]但是，目前我国教师教育学科

① 周钧，朱旭东. 我国教师教育专业设置研究. 教师教育研究，2008（3）：22-27.

② 朱旭东. 六所师范生免费教育的大学成立教师（教育）学院的价值研究：教师教育大学化的组织结构选择. 大学（研究与评价），2008（9）：10-18.

并没有取得合法性，一些师范大学为了推进教师教育改革，在教育学一级学科下自主设立教师教育学二级学科或教师教育专业培养学生，教师教育学科的理论建构和社会建制都比较缓慢而艰难，制约了教师教育学院的发展。

表 4-19 的调查结果显示，64.93%的调查对象认为教师教育学院运行中存在的突出问题是教育资源难整合，这是因为教师教育学院在目前性质、属性和组织架构方面还没有比较成功的范型，内部学生、师资的归属问题，教师教育平台和资源等与基础学科学院之间的协调问题等，都影响到资源的整合。除此之外，运行机制不通畅、利益冲突难解决和学科依托较薄弱的选择比例也超过了 40%，说明这些问题也是教师教育学院在运行中存在的比较普遍的问题。

表 4-19　教师教育学院在运行中存在的问题统计表（*N*=134）

教师教育学院在运行中存在的问题（多选题）	人数/人	百分比/%
A．教育资源难整合	87	64.93
B．运行机制不畅通	58	43.28
C．利益冲突难解决	58	43.28
D．政策支持不到位	39	29.10
E．制度障碍难克服	41	30.60
F．学科依托较薄弱	57	42.54
G．其他	6	4.48

教师教育学院在师范大学中的地位和作用如何？表 4-20 的调查结果显示，7.46%的调查对象认为教师教育学院在师范生培养中发挥的作用很大，47.02%的调查对象认为教师教育学院在师范生培养中的作用比较大，两项累计百分比只有 54.48%；根据表 4-21，仅有 49.25%的调查对象认为教师教育学院对师范大学发展的影响非常大或比较大；根据表 4-22，仅有 43.28%的调查对象认为教师教育学院的地位与其他学院相比很高或比较高。造成这一结果的原因是多方面的，首先在于教师教育学院历史比较短暂（大多数教师教育学院建立于 2010 年之后），人们对新生事物的认同需要时间，教师教育学院的功能发挥也需要时间；其次在于教师教育学院的主要职能是师范生培养和管理，在师范大学转型发展的背景下地位边缘化，对学校在资源获取和学术声誉提升等方

面贡献较小；最后，教师教育学院主要从事教学实践研究，学术研究品质较低，在以学术创造力和影响力为衡量标准的师范大学里处于弱势地位，影响了其功能的发挥和地位的提升。

表 4-20　教师教育学院实际发挥的作用统计表（N=134）

教师教育学院在教师教育中发挥的作用	人数/人	百分比/%
A．非常大	10	7.46
B．比较大	63	47.02
C．比较小	58	43.28
D．非常小	3	2.24

表 4-21　教师教育学院对学校发展的影响统计表（N=134）

教师教育学院对学校发展的影响	人数/人	百分比/%
A．非常大	12	8.95
B．比较大	54	40.30
C．比较小	64	47.76
D．非常小	4	2.99

表 4-22　教师教育学院在师范大学的地位统计表（N=134）

教师教育学院在师范大学的地位	人数/人	百分比/%
A．很高	3	2.24
B．比较高	55	41.04
C．比较低	69	51.49
D．很低	7	5.23

师范大学之所以组建教师教育学院既与国家政策引导和地方政府政策推动有关，也与学校自主改革有关。这样一种组织机构能否被大学师生所认同，关涉其合法性。影响师生对教师教育组织认同的因素主要有两个：一是教师教育学院成立的必要性，即它是否有独立存在的价值和功能；二是教师教育学院实际功能发挥程度，即是否满足人们对它的期待。

表 4-23 的调查结果显示，14.93%的调查对象非常认同成立教师教育学院，53.73%的调查对象比较认同成立教师教育学院。他们认同的主要理由是学校通过成立这样一个专门的组织机构能够凸显学校对教师教育工作的重视，可

以体现学校的性质和特色；教师教育学院有不同于教育学院或教育科学研究院的功能，相比于教育学院或教育科学学院重视理论研究或教育学类学术人才培养，教师教育学院更关注教学实践和教学研究，关注教师培养，教师教育学院的成立能够对师范大学现有的教师教育运行体制产生影响，创新探索教师教育新模式；能加强对教师教育活动的专门研究，使研究能真正服务于教师教育，从而提升教师教育研究的水平和教师教育实践的水平；教师教育学院重视师范生的实践训练和职业规划。31.34%的调查对象不认同教师教育学院，主要理由是有的师范大学教师教育学院是在原教育科学学院的基础上合并组建的，有的甚至就是挂名设立的，没有体现出改革创新的新意；教师教育学院在实际运行过程中并没有对原有的教师教育模式产生根本性变革，学科教师和师范生的归属没有大的改变，存在一定的利益冲突和管理难度。如果师范大学期望通过成立教师教育学院的方式推进学校的教师教育改革，那么，明确教师教育学院的职能定位，处理好教师教育学院与其他学院之间的关系，构建合理的教师教育学院内部组织结构，理顺教师教育学院的运行机制等等，是提升教师教育学院认同度和合法性的基础，这些均是艰巨且复杂的改革任务。

表 4-23　教师教育学院认同程度的调查统计表（*N*=134）

对教师教育学院的认同程度	人数/人	百分比/%
A．非常认同	20	14.93
B．比较认同	72	53.73
C．不太认同	35	26.12
D．完全不认同	7	5.22

第三节　困境成因的深度分析与解读

通过以上分析发现，我国师范大学的教师教育组织变革并没有达到预期的目的，陷入了变革的困境之中。为何如此？场域理论的关系思维、冲突假设、中介性和历史生存性特征适合分析和解释教师教育组织问题，本节依据场域理论的分析框架，从场域、利益和惯习三个方面分析师范大学教师教育组织变革困境产生的原因。

一、师范大学的教师教育在高等教育场域中地位弱化

主要发达国家的教师教育机构历经两次转型，从中等教育层次的师范学校向高等教育层次的师范院校转型再向综合大学教育学院转型，教师教育进入高等教育体系实现教师教育大学化。1996 年，我国教师教育事业由规模数量为主发展到以提高质量和效益为主的新时期。[①]1999 年 3 月，教育部印发《关于师范院校布局结构调整的几点意见》的通知，强调深化师范教育改革，由三级师范（高师本科、高师专科、中等师范）向二级师范（高师本科、高师专科）过渡。《2003—2007 年教育振兴行动计划》明确提出，“改革教师教育模式，将教师教育逐步纳入高等教育体系，构建以师范大学和其他举办教师教育的高水平大学为先导、专科、本科、研究生三个层次协调发展，职前职后教育相互沟通，学历与非学历教育并举，促进教师专业发展和终身学习的现代教师教育体系”。在此政策背景下，综合大学内部开始设立教师教育机构，参与教师教育工作；师范院校在原有专业的基础上增加非师范专业，学科布局趋于综合化，师范院校实质上向综合性大学转变，教师教育被逐步纳入高等教育体系。

教师教育进入高等教育体系，带来的直接变化是师范大学所在场域发生变迁。在师范教育时期，师范大学是存在于教师教育场域之中的，这个场域的规则是由师范教育场域中的师范院校构建的，决定师范大学在这个场域中的位置和所能获得资源的是教师教育的竞争力，即培养教师的能力和质量，其规则逻辑是人才培养逻辑。而且在这个场域中，师范大学是占优势的群体，处于有利地位，国家政策和师范教育体制塑造了这样一个封闭、边界清晰、主体有限但类型相同的场域。师范大学进入高等教育体系之中，教师教育场域被包含于边界更大、行动主体更多样的高等教育场域，教师教育的场域规则服从高等教育场域规则，而高等教育场域中决定院校的位置和所能获得资源的是学术生产力和影响力，其规则逻辑是学术逻辑。因此，师范大学被教师教育场域和高等教育场域等多重场域规则裹挟，处于一种两难境地：既要保留师范大学原有的学科特色，维持其“师范教育”的市场领地，又要按照学术的标准谋求其在高等教育体系中的应有地位。[②]师范大学在综合化的进程中，不能完全丢弃教师教

① 金长泽，张贵新. 师范教育史. 海口：海南出版社，2002：324-325.

② 李梅，姚晓蒙. 大众化背景下师范大学的发展路径选择：以华东师范大学、西南大学为例. 教师教育研究，2010（5）：18-21+47.

育的使命，因为这是其传统和特色所在。同时，师范大学又必须思考如何提升自身综合实力，以便在高等教育场域中占据有利地位、获取充足资源。正是在多重逻辑规则的约束下，需要兼顾多重目标，这使得师范大学在保留原有与教师教育相关的组织机构的基础上，增设了新的机构，开展“增量改革”。这正是师范大学内部教师教育机构组织多元分散的重要原因。从一些师范大学同时设立教师教育学院和教育科学学院的初衷来看，教师教育学院的设立旨在整合师范大学的教师教育资源，统筹管理教师教育事务。如此一来，教育科学学院和其他文理学科学院能够从教师教育事务中抽身，专注于提升研究水平和学术水平，进而增强师范大学的综合实力。师范大学在教师教育机构改革上做出如此抉择，其根本原因并非高校综合化与教师教育对立（实际上，师范大学综合化是大势所趋，教师教育也完全可以在高校综合化过程中实现发展），而是师范大学未能为教师教育在高等教育场域的变迁中找到合适的位置，导致教师教育在高等教育场域中失去了自身的特殊性。

二、利益主体之间的权力博弈会增大组织变革的阻力

19 世纪末，德国心理学家勒温（K. Lewin）提出了著名的组织变革力-场分析法，他认为任何组织变革都存在两种对抗性的力量，一种是支持组织变革的力量，另一种是阻碍组织变革的力量。若要使组织变革成功实施，就需要增强推动变革的力量，削弱阻碍变革的力量，促使组织达到一种新的平衡状态。

在师范大学的教师教育改革中，机构分散多元、资源缺乏整合、机构职责不清、管理机制不畅、组织运行不畅、作用发挥有限等问题普遍存在，并且在有的师范大学问题还比较突出，严重影响了教师教育活动的开展和师范大学的内涵发展。学校的管理者也认识到教师教育组织机构优化和资源整合的重要性，却感到“有心无力”，这造成了我国多数师范大学维持传统“文理学科学院模式”的现象，其根本原因是学校管理者和教师教育改革者遇到的改革阻力太大。阻力产生的根源在于师范大学中的众多主体对利益的追求及权力的争夺，因为“对绝大多数人来说，最终决定他们是否以及在多大程度上参与或支持教育改革的主要因素，并不是对理念的守持，而是对利益的权衡”[①]。

① 吴康宁. 中国教育改革为什么会这么难. 华东师范大学学报（教育科学版），2010（4）：10-19.

通常，在教育领域，人们不好意思谈论利益，否则就会被指责境界不高、道德水平低下。其实，这是一种不切实际的指责。追求利益是每个人满足自我需要的过程，是正当且合理的，只是要注意追求利益的方式和手段是否符合道德规范。不同个体和组织之间的利益冲突使得各自在组织变革中处于不同的立场。教师教育资源整合的改革动议遭遇的最大阻碍，便是这种为了捍卫自身利益甚至希望在改革利益的分配中获取更大份额的心理动机。①教师教育改革的矛盾与紧张聚焦在“谁更有资格培养教师”“谁培养的教师更优秀”等问题上，教师教育领域显现的权力冲突都围绕着专业教育的权力展开。②在教师教育组织变革中，文理学科学院、教师教育学院、教科院、教务处等组织机构都会从自身角度出发，权衡教师教育组织变革对自身利益产生的影响，都会支持增加自身利益的变革，而反对减损自身利益的变革。这在师范生的归属、学科课程论师资的分布、教师教育学位制度的安排等方面体现得尤为明显。学科教学法教师、教育学科教师、文理学科教师和学生等也会考虑采取哪种组织模式对自身地位和利益有利，进而产生对变革不同的认知、情感和态度。

众多利益主体之间围绕教师培养权展开博弈与争夺，决定博弈结果的，是不同利益主体及其群体所拥有的权力类型及其大小，尤其是行政权力的大小。教师教育组织变革的权力博弈也遵循这一逻辑，因为教师教育资源大多由行政权力掌握和配置。一所师范院校内部具体如何开展教师教育改革，往往遵循那些学问深厚且身居高位的改革者的思路，如果出现学术争鸣，结果往往也是官职高者胜过学问大者。③有学者指出，人是影响大学学科发展的重要因素，尤其是大学领导者的办学思想和偏好，当一个学科受到领导重视时，往往是发展最好的时候。④

三、借鉴和模仿的惯习抑制教师教育组织的创新实践

场域中的行动者并非随心所欲的自由主体，他们的实践活动既受到所处位

---

① 杨跃.“教师教育”的诞生：教师培养权变迁的社会学研究. 桂林：广西师范大学出版社，2011：295.

② 杨跃.“教师教育”的诞生：教师培养权变迁的社会学研究. 桂林：广西师范大学出版社，2011：18.

③ 杨跃.“教师教育”的诞生：教师培养权变迁的社会学研究. 桂林：广西师范大学出版社，2011：292.

④ 庞青山. 大学学科论. 广州：广东教育出版社，2006：188.

置关系和自身拥有资本的影响，也受到自身所具备的各种惯习的影响。惯习是积淀在行动者身上的一套“潜在行为倾向系统”，它能够确保以感知、思维和行为图式的形式，将储存于每个人身上的既往经验有效留存，进而更加可靠地保证实践活动的一致性和它们历时不变的特性。[①]惯习本身是中性的，它能保证良好实践行为的持续与稳定，但也可能导致不良行为形成“路径依赖”，阻碍组织变革行为的发生。

就师范大学的教师教育组织变革而言，影响最大的惯习是我国长期以来对发达国家（尤其是美国）的教师教育模式的借鉴和模仿。我国教师教育从清朝末年建立现代学校教育制度开始，先后经历“仿日”“学美”“师苏”，逐渐构建了中国特色的教师教育体系。20 世纪 90 年代以后，美国教师教育大学化和“大学+学院”的教师教育专业发展模式，成为国内研究者和实践者学习与模仿的对象。在这个学习和模仿的过程中，虽然有结合中国实际的改造和“中国化”创新，但跟随和移植依然是主流，况且我国的教育发展状况和教师教育发展面临的问题与美国存在较大差别，学习与模仿存在时间差，当我们在学习和模仿美国教师教育大学化和“大学+学院”的教师教育专业发展模式时，这种“时尚”已过，受到“解制性教师教育模式”或“去专业化教师教育模式”的冲击，大有被取代的趋势，这就是借鉴和模仿所付出的代价或成本。

另外，影响教师教育组织变革的惯习还是国内师范大学对少数高校的“创新”之举的模仿和学习，这里比较有代表性的就是教师教育学院的成立及其管理运行机制的制度扩散。教师教育学院这种机构最早于 2001 年诞生在合并组建的综合大学——江苏大学，之后部分综合性大学与师范大学陆续成立教师教育学院。不同学院成立教师教育学院的方式不同，但其宣称的宗旨是相近的——整合教师教育资源，集中力量办好教师教育，提高教师教育的质量，强化教师教育的办学特色。为了达到这样的目的，综合性大学成立专门的机构承担专门的职能是顺理成章的，这符合结构功能理论的观点，有利于提升综合性大学参与教师教育的组织合法性。但是，师范大学在原有教师教育体系之中，在已设有与教师培养相关的教育科学学院或教育学院等机构的基础上，再设立教师教育学院就有点不合常理，这很大程度上是简单的模

① 皮埃尔·布迪厄. 实践感. 蒋梓骅译. 南京：译林出版社，2009：75-76.

仿。类似的还有学科教学论教师的归属与管理问题等，也是借鉴与模仿逻辑产生的现象。这些组织变革很少有符合中国国情和学校校情的“原创”变革，并没有真正实现“中国化”。惯习不仅是环境造就的，而且是主体在一定环境中生成的。师范大学在封闭独立的师范教育体系中享受“政策”照顾形成的被动适应惯习，也抑制了师范大学主动探索创新求变的动力，在面临外部竞争和环境变化的情境中，师范大学习惯性地选择风险最小的模仿机制，其后果是“原创”组织无法解决的问题也随之被模仿和复制，这正是许多师范大学教师教育组织机构同型的重要机制。

第五章　师范大学教师教育组织变革的战略路径

在教师教育转型和师范大学综合化背景下，师范大学的教师教育改革需要思考学校内部教师教育的主体定位和机构选择问题，即谁有资格、有条件培养高素质的专业化教师。这是师范大学教师教育改革中客观存在、无法回避的要害性问题。结合前面章节对现存问题及其原因的分析，本章就我国师范大学教师教育组织变革提出策略建议。

第一节　专业学院建设：重塑教师教育组织场域

通过对师范大学教师教育组织变革动因和变革困境的分析发现，场域是形成问题的根源，也是问题解决的关键所在。因为师范大学和教师教育同时处于多个场域之中，由此产生场域的重叠交叉和场域规则的交互作用，可能使师范大学教师教育迷失发展方向。唯有在师范大学内部重建教师教育场域，为教师教育在综合化的师范大学中找到合适的空间位置，才能有效开展教师教育组织变革。

之所以需要重建师范大学的教师教育场域，是因为在多元开放的教师教育体系和师范大学综合化发展的背景下，师范大学的教师教育客观上失去了相对明确的场域边界和空间范围，进而丧失了自身的相对独立性。其原本在教师教育场域所具备的特殊性，逐渐消解在高等教育场域之中，自身的场域规则和话语体系也随之丢失。这必然导致教师教育在师范大学中的地位被弱化或边缘化。因此，在师范大学内部重建教师教育场域，是解决这一问题的关键。

那么，在师范大学内部该如何重建教师教育场域呢？我们认为，可能的突破口是建立教师教育专业学院。教师教育进入高等教育体系，师范大学走向综合化，这是不可阻挡的趋势和潮流。师范大学的教师教育改革必须正视这一客观现实，并在此基础上寻找可行的发展路径。高等教育是专业教育，高校的学术活动是在学科专业范畴中展开的，那么，教师教育也应该作为一个专业存在于师范大学的综合性学科专业体系之中。教师教育属于专业教育，必然按照专业教育的逻辑发展。

在师范教育和传统师范院校中，教师教育处于核心地位。然而，教师教育专业活动和其他学科专业活动相互交织，导致教师教育专业性被削弱。学校管理者、参与教师教育活动的教师以及师范生，往往未将教师教育视为一个独立的专业领域，教师教育课程也常常被纳入公共课范畴。在师范大学综合化之后，教师教育的专业性依然未得到凸显。人们对教师教育的认识存在“教师教育=学科教育+专业教育”的二元论误区，依然延续传统的专业教育与学科教育混合拼装的模式，未能建立教师教育的专业体系。因此，唯一的出路就是将教师培养视为专业教育的重要组成部分，并由专业学院承担这一任务。①

师范大学将教师教育作为一种专业来运作，至少需要满足三个条件：一是要有专门开展此类专业教育活动的院系组织机构；二是在专门的院系组织机构中有相对独立的专业团体；三是具有专门成体系的知识技能。②也就是说，需要具备组织基础、人员基础和知识基础三大要件。在这三个条件之中，组织机构的建设是基础，它为专业团体的形成和专门知识技能的构建提供了平台和资源。建立教师教育的专门学院，可以汇聚与教师教育相关的专业人员，他们学科专业相近，工作目标一致，专门从事教师教育的学术研究和实践活动，承担着积累、传承和发展教师教育知识技能的重任。因此，需要对师范大学原有的与教师教育相关的资源进行调整和组合，成立专门的机构来承担教师教育的使命和任务，开展专业的教师教育学术活动。这种专门的机构不管其名称是教育学院，或是教育科学学院，还是教师教育学院，其性质都应该是开展教师教育专业活动的专门学院，其所进行的教育是培养培训教师的专业教育。

---

① 朱旭东. 再论我国师范院校教师教育存在的问题：认识误区、屏障和矛盾. 教育发展研究，2016（2）：1-6.

② 李学农. 师范大学综合化与教师教育专业化. 江苏高教，2005（2）：76-78.

成立教师教育的专业学院的目的是开展专业教育，培养专业化教师。如同在大学中成立法学院培养律师、成立医学院培养医生一样，培养专业化的教师，同样需要专业学院，这种专业学院不以学术人才培养和科学研究为目标，而应面向职业需求，以培养专业化教师为目的：不是研究教育和教师，而是培养教师。在国际的专业教育（professional education）理念中，专业教育是同现代社会生活中的职业联系在一起的，是“学术”与“职业实践”统一的教育，是为“职业”的“专业”教育。①只有切实推动这一转变落地，教师教育专业学院才能在师范大学综合性学科中觅得稳固的立足点，避免陷入发展尴尬或面临被整合关闭的困境。

建立教师教育专业学院，不是简单的机构合并和人员组合，而是需要对组织进行整体设计，从组织目标、组织定位、结构设计和运行机制等方面进行详细规划，同时，还需要加强教师教育的专业和学科建设。在美国的高等教育体系中，人才培养是通过项目或课程实现的；在我国学科制度体系下，人才培养的相关资源都依附于专业和学科，必须遵循“首先有一个学科，然后才有一个专业，有一个系，有一个学院”②的发展路径。当前，教师教育的专业建设和学科建设已受到学者与政策制定者的重视。《教师教育行动振兴计划》中就教师教育学科建设问题作了安排，教师教育专业在教师硕士层次已开展实践探索。每个方面的建设都是一项复杂的系统工程，都需要开展专门且系统的研究。

第二节　利益导向机制：优化教师教育治理结构

布迪厄的场域理论提醒我们，除了资本、惯习和权力，还要重视利益对场域产生的影响。场域与利益紧密联系在一起，场域规则创造和维持着每一个场域与众不同的利益形式，场域中的行动者因为利益的追逐而遵循场域规则，构建着特定的场域。我国目前处于社会转型期，总体性社会趋于瓦解，社会分化成为大势所趋。社会各阶层和各利益主体的自主权不断扩大，不同群体和个体的利益意识开始觉醒，利益成为影响个体行为选择和社会改革的重要因素。任何个体或群体的行为选择都与自身对利益的算计和考量息息相关。任何改革都

---

① 李学农，张清雅. 教师教育世纪转型与发展. 南京：南京师范大学，2014：201-202.

② 孟宪范. 学科制度建设研讨会综述. 开放时代，2002（2）：134-143.

会触动社会主体原有的利益格局，都无法回避利益的冲突，都需要审慎对待利益调整问题。教师教育改革也是如此，无法回避利益的冲突和调整问题。如果我们忽视或否认改革中存在的利益冲突，或者用和谐的假象来掩盖冲突的真实存在，这种“掩耳盗铃”的方式无法真正解决冲突，甚至可能使利益冲突的剧烈程度进一步加深。[①]所以，有学者做出推断，迄今教师教育改革的一些重要事项之所以进展缓慢且艰难，一个关键性的原因是面对因利益冲突形成的改革阻抗，缺少行之有效的解决对策，不能调动利益相关者积极参与改革。[②]唯有正视师范大学教师教育组织变革中存在的利益冲突，构建利益导向机制，充分调动相关的行动者参与改革的积极性，增强改革动力，削弱改革阻力，才能真正推动改革进程，进而优化教师教育的治理结构和治理体系。

教师教育组织变革的实质在于教育资源的配置与调整。师范大学教师教育组织变革的过程，本质上也是教师教育资源在师范大学内部的重新调整与配置。在此过程中，由于涉及不同层次、不同立场的利益主体，他们在师范大学场域中围绕教师教育资源和利益展开争夺。不同的利益主体可能因立场相近和利益诉求相同而结成联盟，进而影响教师教育改革政策的制定与实施，这些都是客观存在且不容忽视的现象。改革无法回避利益冲突和调整的问题，也不可能完全解决所有利益冲突问题。较为可行的方案是在一定范围内引导不同利益主体的利益追求和评价标准趋于一致，这需要探寻改革的共识。对于师范大学的教师教育组织变革而言，关键在于兼顾并平衡教师教育的效益最大化与大学整体办学效益的最大化，使两者相互统一、相互促进。

追求教师教育的效益最大化是教育行政部门、地方政府、社会公众、学校管理者和师范生对高素质教师和高质量教育诉求的必然要求；追求大学整体办学效益的最大化是政府主管部门、社会公众、学校管理者和市场对高等教育的客观要求。政治逻辑、学术逻辑、市场逻辑、文化逻辑都支配和影响着师范大学的发展。两种利益的最大化诉求都是合理的，也是可以兼顾和平衡的。现在一些师范大学在学校内部整合教师教育资源，组建专门的教师教育机构总揽教师教育事务，一方面可以提升教师教育水平，另一方面可以使非教师教育的部门和人员从中解脱出来，致力于提升大学综合水平，这种思路是可行的。但问

① 孙翠香. 学校变革中的“利益冲突”：表现、成因及其化解. 教育发展研究，2012（4）：29-33.

② 吴康宁. 地位与利益：教师教育改革的两大制约因素. 当代教师教育，2009（3）：1-6.

题是，若未能妥善处理教师教育学院内部，以及教师教育学院与师范大学其他文理学科学院之间的利益冲突，用学术逻辑来要求教师教育活动，或者用教师教育逻辑来要求大学的学术活动，都必然产生冲突和矛盾。可行的策略是在师范大学内部为教师教育设立“组织特区”和“政策特区”，以教师教育的逻辑来推动教师教育学院的发展，尽可能减少大学学术逻辑对教师教育活动和教师教育专业学院的制约与影响。如此一来，既符合大学“松散链接”的组织特性，又能适度“解制”，避免教师教育逻辑和大学学术逻辑的冲突，让双方在各自相对独立的场域空间和政策范围内化解利益冲突，达成相对和谐的状态。

第三节　包容性智慧：推动组织试验与创新发展

“包容性智慧”是我国学者在研究和总结我国经济发展奇迹背后的哲学观念及思维方式时提出的概念，这一概念充分吸收了中华民族深厚的哲学思想、历史渊源和文化积淀。包容性智慧并不是一种具体的经济学理论，而是一种看待世界的方式，一种如何理解改革、实现经济增长的思维方式，一种影响人们如何评价和运用不同经济学理论的世界观和方法论。[①]就改革哲学而言，包容性智慧主张在改革方案的选择中，不偏向任何一个极端，而是遵循混合之上的方法论原则执两用中，形成各种元素相互抵消缺点又彼此激荡优势的混合优势或者说叠加优势。[②]包容性智慧的本质不是具体的理论模型，而是理解和处理改革的世界观和方法论，强调的是思维方式从极端向中庸、包容和平衡的转变。理解包容性智慧的关键是准确把握包容性思维的三条原则（图 5-1）。[③]

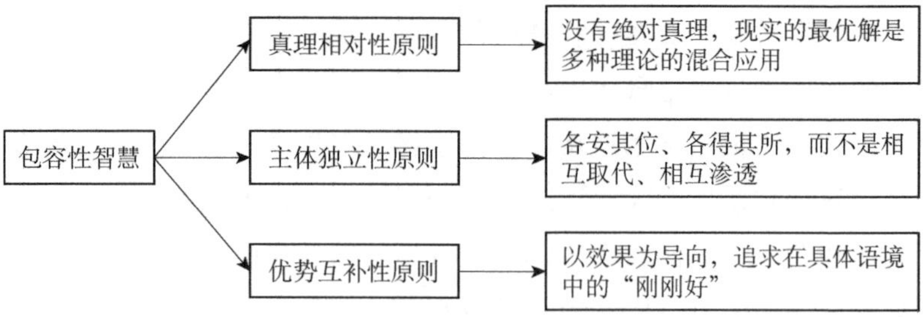

图 5-1　包容性智慧的三条原则

① 李拯. 中国的改革哲学. 北京：中信出版社，2018：281.
② 李拯. 中国的改革哲学. 北京：中信出版社，2018：6.
③ 李拯. 中国的改革哲学. 北京：中信出版社，2018：31.

首先是真理相对性原则。在中庸哲学里，没有绝对的、普遍的真理，没有万能的、适用所有情境的解决方案。每一种思想、每一种方案都有其合理之处，同时又不可避免地存在局限性，具有相对正确性。管理理论中的权变管理理论也是如此观点，管理方法是随管理环境、情境的变化不断调整的，要因时制宜、因地制宜、因人而异。因此，在进行组织变革或教师教育改革过程中，不能把一种理论或一种方案绝对化、神圣化，应该吸收各家所长，综合运用。其次是主体独立性原则。包容性智慧在坚持各个原则的独立性前提下综合应用。各个部分、各个方面应该各安其位，各得其所。各安其位不是相互取代，而是合理分工，在保证各自独立性前提下相互结合。尤其是对于大学这个“松散连接”的机构而言，各安其位更能保证组织的有序，达到“1+1>2”的效果。最后是优势互补性原则。包容性智慧本质上遵循“实用主义”的原则，不追求纸面上的逻辑一致性，而以结果的效用最大化为最终目的和根本标准。因此，对于各原则之间的结合程度，没有硬性规定和固定标准，应根据具体情境灵活调整，做到各原则优势互补，以达到约束条件下收益最大化的目的。

我国师范大学教师教育组织变革困境的根源在于师范大学综合化以后教师教育所面临的复杂关系，这种复杂关系体现为场域的复杂、利益主体的复杂、实践主体惯习的复杂。具体来说，场域的复杂是指师范大学既处于教师教育场域之中，又处于高等教育场域之中；师范大学的教师教育既处于学科专业所代表的学术场域，又处于教育专业所代表的实践场域。学术场域和实践场域各自拥有自己独特的场域规则或场域逻辑，行动者在不同场域中所处的空间位置是不同的，其所能拥有的资源和所能获得权力和利益是不同的。师范大学涉及提升教师教育质量和提升大学实力的双重利益诉求，涉及教师教育学院等机构与文理学科学院等机构的利益冲突，还涉及教师教育者、学科教学法教师和文理学科教师的不同利益追求。实践主体的惯习也是各不相同，比如教师教育者是按照教师专业发展的需求和图式来实践，学科教师主要是按照学科知识的传递和创造惯习来实践，文理学科学院按照综合大学的学术发展惯习来实践，教师教育学院按照教师培养的规律来实践。显而易见，不同场域、不同主体所拥有的资源和惯习，使得教师教育组织变革长期处于矛盾和冲突之中，摒弃线性、极端、绝对的思维方式，接受动态、中庸、宽容的思维方式，能够使教师教育组织在协商、妥协、互补的基础上共处。

以包容性智慧推动师范大学的教师教育组织变革，就要允许和大胆开展组织试验。试验是人类为应对不确定性所应采取的最优策略。在有限理性视角下，人们不能以完全理性的形式获取有关决策与权衡的准确信息，需要通过组织试验来获取组织知识，选择有效率的组织结构。组织试验可被看作分工演进过程中的人类对组织知识的一种自发演进机制。[①]教师专业化发展的密码还未真正破译，教师教育的内在规律并未被真正掌握，现有的教师教育组织模式和变革路径并不一定是最优解，面对教师教育组织变革的困局，唯有“大胆地试，大胆地闯”才有破解困境的可能性。要注意的是，组织试验有两种：一种是计划经济时代的垄断性试验。这种试验强大的垄断性和强制性使得试验的条件是人为控制和专门调控的，即使试验成功，也不具有试验的普遍性功效。比较突出的是我国一些领域和部门所开展的试点改革。另一种则是权力分散状态下的实验，这种试验才真正具有竞争性和“实验性”。在教师教育改革过程中，应该允许不同的师范大学结合自身实际开展不同的组织试验，比如成立完全实体化的教师教育学院或者成立框架性的教师教育学学部等。不同的师范大学或许需要采用不同的教师教育组织模式，毕竟一种教师教育组织模式难以适用于所有师范大学。这里需要说明的是，鼓励师范大学积极开展教师教育试验，并不是说允许师范大学内部同时存在多个教师教育组织，因为多个教师教育组织机构的存在，可能导致资源分散，机构职责不清等现实问题。鼓励积极开展教师教育组织试验，是倡导教师教育组织在高等教育体系中存在方式的多样化。因此，需要以包容性思维积极开展教师教育组织变革的试验，积累教师教育组织知识，推动教师教育组织变革走向成功。

---

① 杨小凯，黄有光. 专业化与经济组织：一种新兴古典微观经济学框架. 张玉纲译. 北京：经济科学出版社，1999：358-364.

结　　语

本书基于场域理论、组织变革理论和教师教育基本理论，综合采用文献研究、历史调研和实地调查等多种研究方法，深入探讨了师范大学在教师教育转型过程中所面临的组织变革问题。本书致力于探寻师范大学在教师教育改革中进行组织变革的有效路径。在此，笔者将系统阐述本书的主要结论，总结研究的创新点和存在的不足，并对未来的研究方向进行展望。

一、理论与实践的交融

第一，场域理论、组织变革理论以及教师教育的专业化、大学化和一体化理论，共同构筑了探究我国师范大学教师教育组织变革的理论基石。

“场域”理论在法国社会学家布迪厄的社会学理论体系中占据重要地位。他巧妙地运用场域、资本、惯习、利益、权力等核心概念，构建了一个全面诠释场域的理论框架，这一框架不仅为社会学研究提供了坚实的理论支撑，还开辟了新的研究视角。场域，作为客观关系运作的空间，每一个场域都有其独特的规则体系。它是一个充满竞争与冲突的动态空间，同时承载着历史的积淀。场域的特性主要由其中行动者所拥有的各类资本决定，这些资本包括经济、社会、文化和符号资本，它们在一定程度上可以相互转化。值得注意的是，场域中的行动者并非完全自由的主体，他们的行为既受限于所处的位置关系和自身资本，也受到个人惯习的深远影响。因此，实践行动可被视为资本、惯习和场域三者交织的结果。这三者在特定场域中相互作用，共同塑造着场域的特质。

组织不能孤立地存在，必须与周围的环境进行物质、信息和能量的交换才能维持自身的生存，外在环境的变化必然对身处其中的组织产生影响。因此，组织变革，通常被定义为“组织形式的调整和转变，以提升其在环境中的生存能力”。关于组织变革的动因，不同的组织理论给出了各异的解释。权变理论认为，不存在唯一最佳的组织形式，组织结构应根据环境条件、技术、目标和规模的变化而调整。资源依赖理论则主张必须与环境进行有效互动方能获得其生存所需的资源。制度理论则强调组织需要获得制度环境的合法性认可。组织变革涉及结构、人员、任务和技术四个关键变量。勒温在其组织变革力—场理论中着重指出，组织成员是组织中的核心要素。他们对组织变革的支持或阻碍态度，分别形成了促进和抑制变革的两种力量。当这两股力量达到平衡时，组织会维持现状；一旦其中任何一股力量减弱或消失，平衡将被打破，进而触发组织变革。

教师教育专业化的理论基础源于教师专业化。所谓教师教育专业化，是指通过有组织、专门的序列化培养和训练，将非专业教师转变为专业教师的过程。其核心目标和功能在于提升教师的专业素养，丰富其知识和技能，进而提高教师的专业地位，使其成为具有明确标准、难以被替代的职业。教师教育专业化涵盖两个方面：首先是明确教师专业化的职业目标，将教师发展成为高度专门化的职业；其次是教师培养的专业化，它侧重于从培养过程的角度确保教师职业专业化的实现。两者的有机结合才是真正意义上的教师教育专业化。

教师教育大学化的核心理念在于充分发挥大学在教师教育中的重要作用。其本质不是教师培养机构名称的改变或教师培养场域的变迁，而是教师教育生态环境的整体跃升，充分利用大学的优势提升教师培养的质量。这一转变对教师教育提出了新的要求：首先，教育理念上需要更加开放；其次，组织机构上需要实现大学教育学院的转型；最后，培养模式上需要实现学科专业教育与教育专业教育的分离。

教师教育一体化的提出，主要是为了解决长期以来职前培养和职后培训之间存在的脱节问题和内容上的重复交叉问题，这些问题在一定程度上限制了教师专业发展。因此，需要对教师的职前培养和职后培训进行统一规划，以构建一个相互衔接、各有侧重的教师终身教育体系。要实现教师教育一体化，我们需要打破职前培养和职后培训之间的壁垒，改变目前培养培训机构各自为政、教育内容重叠交叉以及资源配置不合理的现状。为此，我们需要确立一体化的培养目标，设置与之相匹配的课程体系，并建立一体化的体制机制。这一过程也必然涉及教师教育组织机构的相应变革。

第二，教师教育机构的转型与变革不仅是教师教育改革与发展的重要组成部分，也是其成果的直观体现。教师教育制度或体系的改革势必会引发教师教育机构的相应调整，这两者之间存在着紧密的联系。

回溯主要发达国家教师教育机构转型的历程，发现各国因社会发展、文化传统、教育水平和发展模式等差异，导致转型的时间、特征和路径各不相同。尽管如此，其中仍存在一些共性特征，揭示了教师教育发展的内在规律，这对我国的教师教育改革和组织变革具有重要的启示意义。

首先，教师教育的演进伴随着教师教育机构层次的提升。发达国家社会经济的发展对教师的要求不断提升，不仅体现在规模的扩大，还体现在教师素质的提升。这种变化也随之反映在教师教育机构的发展变化上。在 19 世纪末 20 世纪初，承担教师培养任务的师范学校转变为师范学院或教师学院，教师教育进入中等教育层次。到 20 世纪中叶，师范学院或教师学院被综合大学的教育学院所取代，教师教育实现大学化，进入高等教育阶段。

其次，教师教育所处的内外环境因素推动教师教育组织发生变革。推动发达国家教师教育机构转型的原因基本相同，可归结为外部和内部两大动因。外部动因主要包括社会经济、政治和人口变化所带来的教育环境变化；内部因素主要是教育发展带来的教师质量标准的变化、教师资格证书制度的建立以及机构自身发展所面临的压力。

最后，尽管发达国家的教师教育机构转型取得了显著成效，但也暴露出一些问题，这些问题在我国教师教育组织变革中应特别警惕并寻求解决之道。

我国的教师教育历程可划分为五个阶段：首先是独立封闭的师范教育体系的确立（1897—1921 年），随后是开放性师范教育体系的初步形成（1922—1948 年），接着是独立封闭的师范教育体系的重建（1949—1977 年），然后是独立师范教育体系的恢复、巩固与提高（1978—1996 年），最后是开放多元的教师教育体系形成和发展（1997 年至今）。在这一过程中，教师教育机构随着教育体系和制度的变革而不断调整，以满足教育事业发展和教师教育水平提升的需求。总体来看，教师教育机构的发展呈现出层次提升、类型多样的趋势。然而，在发展过程中也伴随着一些争议，如独立与合并、师范性与专业性、面向中小学还是向综合性大学看齐等。这些争议的出现不仅与教师教育理论基础的薄弱有关，还受到政府对待教师教育的政策立场以及师范院校自身战略选择的影响。

教师教育机构自诞生之日起，始终处于不断的变革之中。不论是发达国家还是我国，尽管变革的具体路径和教师教育机构的名称与形式存在差异，但教师教育在高等教育体系中的存在方式却呈现出共同的趋势，即从以学校为单位开展教师教育逐渐转变为以专业为单位进行。这种转变必然对承担教师教育活动的机构，即教师教育院校的组织结构和治理机制产生影响。因此，师范大学需要变革其教师教育组织，以适应这种新的变化。

第三，教师教育转型促使师范大学所属环境发生改变，进而推动师范大学走向综合化。这种综合化又进一步引发了师范大学内部环境的变化，从而触发了教师教育组织的深刻变革。

经过百余年的曲折发展，我国的教师教育当前正处于关键的转型阶段。这一转型是由多种内外因素共同推动的结果，对师范大学产生了深远的影响。首先，教师教育由独立封闭向开放多元的转型使师范大学丧失了其在教师教育中传统的垄断地位。如今，师范大学不再拥有唯一或垄断的地位，而是在开放的教师教育体系中与其他机构展开竞争，既面临新的发展机遇，也需要应对前所未有的挑战。其次，转型要求师范大学重新审视并调整其办学定位和发展策略，以适应新时代的教育需求。最后，教师教育转型也影响了教师教育在师范大学内部的地位，它不再处于中心位置，而需要在整个教育体系中寻找新的定位。这些变化意味着师范大学不仅要在教师教育领域中竞争资源，还要在更广泛的高等教育领域中竞争。这对师范大学的方方面面都产生了影响，为了应对这些挑战，师范大学必须进行自身的转型。从这个角度来看，教师教育的转型实际上引发了师范大学的整体转型。

西方发达国家教师教育机构转型的历程为我国师范大学向综合性大学转型提供了历史经验；而我国教师教育政策的调整也为师范大学的综合化创造了有利条件。通过审视我国师范大学的办学目标、学科结构和专业设置，我们可以清晰地看到，师范大学的综合化已成为一个客观事实。这种综合化趋势使得学校职能多元化和发展战略双重性，进而导致学校无法集中全部力量来专门办理教师教育。因此，师范大学需要进行校内组织机构的变革，调整管理运行机制，并优化资源配置，以适应这种新的形势。这一系列变革自然而然地引发了师范大学教师教育组织的改革。

第四，“大学+学院”构成了我国师范大学教师教育组织的基本框架。在这个框架下，根据学院的性质（是基础学科学院还是教育专业学院）以及学院的特征（是实体学院还是虚体学院），建立了教师教育组织的分类模型框架。目前，我国师范大学的教师教育组织已经形成四种具有代表性的模式。然而，通过深入调查发现，这些组织存在着多元分散、资源缺乏有效整合，职责划分不明确、管理机制不畅，以及运行效率低下、作用发挥受限等问题，导致这些问题的根本原因在于师范大学综合化之后的教师教育地位弱化，师范大学内部多元主体之间不同的利益追求形成的权力博弈阻碍了教师教育组织变革的发生。

师范大学教师教育改革的困难主要体现在以下五个方面：①教师教育地位边缘化：在高等教育体系中，教师教育的重要性逐渐被边缘化，导致师范大学在资源和政策支持上遭遇限制。这种边缘化不仅影响了教师教育质量的提升，还使得相关改革措施难以得到有效实施。②组织结构与管理机制问题：教师教育组织内部存在多元分散、资源缺乏整合的问题。各个部门和单位之间职责不清，管理机制不畅，导致运行效率低下，无法充分发挥教师教育的作用。这种组织结构和管理上的问题成为改革的又一大障碍。③利益主体间的权力博弈：在师范大学内部，不同的利益主体之间存在着权力博弈，这增大了组织变革的阻力。各个利益团体对于改革的方向、目标和具体措施往往持有不同的看法和立场，这使得改革过程中需要不断协调各方利益，增加了改革的复杂性和难度。④创新实践的抑制：由于长期借鉴和模仿的惯习，师范大学教师教育组织的创新实践受到抑制。缺乏创新意识和创新精神，使得改革难以突破传统模式的束缚，无法实现真正的创新和进步。⑤资源短缺与分配不均：师范大学在教师教育改革过程中往往面临着资源短缺的问题。无论是教育经费、教学设备还是优秀教师资源，都存在着不同程度的匮乏和分配不均的情况。这使得改革措施的实施受到很大限制，难以达到预期的效果。

综上所述，师范大学教师教育改革面临的困难是多方面的，需要政府、学校以及社会各界的共同努力来克服这些困难。只有通过全面、系统的改革措施，才能推动师范大学教师教育的持续发展和进步。

第五，为推进师范大学的教师教育组织变革，应当以专业学院的建设作为突破口，以此重建教师教育组织。同时，需以利益导向机制为基础，优化教师教育的治理结构。此外，还应运用包容性的智慧，积极开展教师教育的组织试验，从而推动整个变革的进程。

为了重建师范大学的教师教育场域，应通过设立专门的教师教育专业学院，为教师教育在日益综合化的师范大学中确立恰当的位置。这样的学院将专注于教师的培养和专业发展。除了进行顶层设计，还需要强化教师教育的专业建设和学科建设，为学院的发展提供坚实的基础。

改革往往会触及原有的利益结构，因此在师范大学中进行教师教育组织的变革时，必须正视其中的利益冲突，并构建利益导向机制来完善教师教育组织的治理结构。一个有效的策略是在校内为教师教育划定特定的“组织特区”和“政策特区”，以确保教师教育学院能依据其自身的逻辑来发展，并尽量减少大学整体的学术逻辑对其产生的制约。

包容性智慧并非具体的理论框架，而是一种对待和处理改革的宏观视角和方法论。它倡导从极端思维转向更为中庸、包容和平衡的态度。基于真理的相对性、主体的独立性和优势互补性三大原则，应运用这种智慧来推动师范大学的教师教育组织变革。这意味着要鼓励和支持各种组织试验，特别是在权力分散的环境下进行的试验，因为这样的试验更具竞争性和实验性。应减少限制，鼓励创新和探索，这样才有可能找到真正符合中国实际的教师教育组织模式和改革路径。

二、探索中的得与失

（一）探索之所得

1. 研究视角的创新

本书综合运用历史学视角、组织学视角、社会学视角和教育学视角，深入探讨我国师范大学教师教育组织变革的动因、现状、问题及未来走向，揭示了师范大学教师教育改革的组织困境，展现了我国教师教育改革的复杂性和艰巨性。在探寻师范大学教师教育改革的组织变革路径中，本书特别强调了场域理论的应用，该理论贯穿整个研究过程，并为本书研究构建了主体框架。场域理论的特点与教师教育组织的复杂性相契合，其中的场域、资本、利益和惯习等核心概念，为解读教师教育组织变革的现象和问题提供了独特的视角。

2. 研究观点的创新

本书采用社会学视角，对教师教育组织变革进行了深入研究，得出了与传统组织学、管理学不同的新见解。书中指出，教师教育转型引发了师范大学所属场域的变化，进而推动了师范大学的综合化转型。而这种转型又进一步导致师范大学内部场域的改变，从而触发了教师教育组织的深刻变革。师范大学教师教育地位的弱化、不同利益主体的权力博弈以及模仿和借鉴的惯习对教师教育组织创新能力的抑制，形成了师范大学教师教育组织变革的困境。为了推进这一变革，本书提出应以专业学院建设为切入点，重新构建教师教育治理机构，并依托利益导向机制来优化教师教育治理结构，同时，倡导运用包容性智慧积极开展教师教育的组织试验。这些观点体现了新颖性。

（二）探索之所失

1. 理论运用尚待深化

本书尝试融合场域理论、结构功能理论、组织变革理论和教师教育相关理论进行多维度分析。然而，每种理论针对的问题及其阐释路径均有所不同，因此在阐释教师教育组织变革的不同层面时，其作用也各有差异。特别是布迪厄的场域理论，作为其反思社会学和实践理论的核心组成部分，该理论体系内容广泛且深奥，其中的概念含义较为抽象，概念间的逻辑关系也颇为繁复。鉴于个人的知识和能力有限，对于这些理论的领悟和运用尚显生硬，四种理论的融合运用水平还有待提升。在研究过程中，场域理论的使用较为频繁，其他理论的运用则相对较少；即便在运用场域理论时，也是对场域的分析较为详尽，而对资本和惯习的探讨则相对薄弱，这无疑影响了问题阐释的深度。

2. 实际应用问题的解决须进一步探讨

本书聚焦教师教育改革与发展中的现实问题，这类问题不仅具有深远的理论价值，还承载着重要的实践意义。然而，本书主要侧重理论分析，深入探讨了变革的必要性和当前变革的成效。相对而言，对于如何具体实施变革的策略和步骤，书中着墨并不多，仅提供了大致的方向性思路。这主要缘于本书的定位更偏向理论研究，而非具体的政策咨询，同时也受限于笔者个人的实践经验和对政策理解的深度。未来，对于如何将理论更好地转化为实际操作，提出更具针对性和可行性的变革方案，还有待进一步的研究和探讨。

3. 样本规模不足

本书旨在深入了解我国师范大学教师教育组织的当前状况及存在的问题，因此采用了问卷调查和访谈的方式，针对我国师范大学中与教师教育紧密相关的人员进行了调研。然而，由于我个人作为地方师范大学的一名普通教师，与各大相关学校和机构的联系相对较少，所积累的社会资源有限，这导致在问卷的发放和访谈对象的联系上遭遇了不小的挑战。最终，我们成功回收了 226 份有效问卷，并访谈了 3 名教师教育管理人员和 9 名教师。尽管如此，这样的样本规模仍然偏小，难以全面反映全国教师教育组织的整体状况，从而在一定程度上影响了研究的效度。未来，我们将努力扩大样本规模，以增强研究的准确性和代表性。

三、展望师范大学教师教育组织变革的未来图景

本书基本完成了预定目标，但相关问题的研究仍留有较大空间，在未来可以从以下两个方面继续努力。

（一）拓展研究范围

本书以师范大学为研究对象，主要因其在我国教师教育历史与传统中的重要地位。然而，在现代开放且多元的教师教育体系中，除了师范大学，还有诸多地方师范院校和综合性大学也积极参与教师教育。与师范大学相比，这些院校在办学历史、教师教育经验及所遇问题上既有共性也有其独特性。对这些院校进行深入研究，将有助于更全面地了解我国教师教育体系中的各类机构及其面临的问题，对进一步推动和深化教师教育改革，以及促进教师教育院校的内涵式发展具有深远意义。

（二）挖掘研究深度

本书主要聚焦教师教育改革中的组织机构变革，这是改革过程中遇到的实

际问题。然而，教师教育改革的成功是多种因素共同作用的结果，它是一项系统工程。机构改革的顺利进行，还需要与人才培养模式改革和学科专业制度建设相互配合。因此，本书研究中仍有许多内容值得深入挖掘，例如：如何使人才培养模式与机构改革相得益彰？教师教育学科建设又应如何为机构改革提供理论支撑和制度保障等？这些都是我们未来研究的重要方向。

展望师范大学教师教育组织变革的未来前景，我们可以看到一系列积极的变化和发展趋势。

首先，随着教育改革的深入推进，师范大学教师教育组织将更加注重实践性和创新性。未来，这些组织可能加强与中小学、幼儿园等教育机构的合作，建立更紧密的实践教学基地，为师范生提供更多实践机会，培养他们的教学能力和创新精神。

其次，教师教育组织的学科建设和课程设置将更加贴近基础教育实际，更加注重教师的专业素养和教育技能的培养。师范大学可能增设更多与教育实践密切相关的课程，如课堂教学技巧、学生心理辅导等，以提升师范生的专业素养和实践能力。此外，随着信息技术的发展，数字化、网络化将成为教师教育组织变革的重要方向。未来，师范大学可能利用大数据、人工智能等先进技术，构建在线教育平台，实现教育资源的共享和优化配置，为师范生提供更加便捷、高效的学习体验。

最后，教师教育组织的国际化也将成为未来发展的重要趋势。师范大学可能会加强与国际教育机构的合作与交流，引进国外先进的教育理念和教育资源，提升我国教师教育的国际影响力。

综上所述，师范大学教师教育组织的未来变革将更加注重实践性、创新性、学科建设和国际化发展，为培养高素质、专业化的教师队伍提供有力支持。

参考文献

北京师大教科所师范教育研究室. 1986. 霍姆斯协会报告：明天的教师（1986）（上）. 范宁编译，杨之岭，林水校. 外国教育资料，（5）.

北京师大教科所师范教育研究室. 1988. 霍姆斯协会报告：明天的教师（下）. 范宁编译，杨之岭，林水校. 外国教育资料，（6）.

伯顿·克拉克. 1994. 高等教育系统：学术组织的跨国研究. 王承绪，等译. 杭州：杭州大学出版社.

伯顿·克拉克. 2003. 建立创业型大学：组织上转型的途径. 王承绪译. 北京：人民教育出版社.

陈发美. 2001. 综合性大学教育学院的发展走向. 中国高等教育，（9）.

陈时见，周琴. 2011. 综合大学教师教育的国际比较：侧重综合大学教师教育发展的案例分析. 重庆：西南师范大学出版社.

陈先哲，谢斌. 2013. 转型背景下省属师范大学师资队伍建设之道. 高教发展与评估，（3）.

陈瑶. 2015. 美国教育学科构建的开端. 杭州：浙江教育出版社.

陈永明. 1999. 国际师范教育改革比较研究. 北京：人民教育出版社.

陈永明. 1999. 现代教师论. 上海：上海教育出版社.

陈永明. 2009. 以终身教育理念构建教师教育新体系. 中国教育报，2009-09-18.

陈永明，等. 2003. 教师教育研究. 上海：华东师范大学出版社.

成有信. 1990. 十国师范教育和教师. 北京：人民教育出版社.

成有信. 1997. 教师职业的公务性质与当前我国师范院校的公费干部学校特征. 教育研究，（12）.

成有信. 2000. 教师养成方式的演变和21世纪我国师范教育发展的宏观走向. 教育研究，（1）.

丛小平. 2014. 师范学校与中国的现代化：民族国家的形成与社会转型1897—1937. 北京：商务印书馆.

崔运武. 2006. 中国师范教育史. 太原：山西教育出版社.

丁万鼎. 2002. 新世纪高等师范院校改革与发展的战略思考. 教育研究，（6）.

冯奕兢. 2012. 教师教育模式改革与探索：以南京师范大学教师教育改革为例. 教育理论与实践，（1）.

甘晖. 2013. 学科综合化：高水平师范大学转型的战略选择：以陕西师范大学为例. 高等教育研究，（4）.

葛军，陈剑昆. 2005. 我国教师教育政策的历史透视. 黑龙江高教研究，（7）.

顾明远. 2000. 师范院校的出路何在. 高等师范教育研究，（6）.

顾明远. 2003. 师范教育的传统与变迁. 高等师范教育研究，（5）.

顾明远. 2006. 我国教师教育改革的反思. 教师教育研究，（6）.

顾明远. 2016. 从裁撤教育学院看师范教育转型. 光明日报，2016-10-08.

顾明远，梁忠义. 2000. 世界教育大系·教师教育. 吉林：吉林教育出版社.

管培俊. 2009. 我国教师教育改革开放三十年的历程、成就与基本经验. 中国高教研究，（2）.

韩清林. 2003. 积极推动师范教育转型，构建开放式教师教育体系. 教育研究，（3）.

韩延明. 2011. 综合化进程中地方高师院校教师教育模式改革探议. 教师教育研究，（1）.

郝文武，郭祥超. 2014. 教育学的改造. 北京：北京师范大学出版社.

何齐宗. 2006. 高师教育改革与教师发展. 北京：中国社会科学出版社.

何齐宗，胡青，胡平凡. 2014. 教师教育与教师发展研究. 北京：中国社会科学出版社.

何茜，张学斌. 2013. 教师教育一体化课程体系及其实施保障. 教育研究，（8）.

何新征，杨纳名. 2009. 教师教育发展趋势与师范大学转型策略. 云梦学刊，（2）.

贺祖斌，等. 2016. 教师教育：转型与发展. 桂林：广西师范大学出版社.

洪明. 2003. 英国教师教育的变革趋势. 比较教育研究，（4）.
洪明. 2010. 美国教师质量保障体系历史演进研究. 北京：北京师范大学出版社.
侯小兵，张继华. 2013. 师范院校缘何要成立教师教育学院. 当代教师教育，（2）.
胡仁东. 2007. 大学组织内部机构设置研究. 华东师范大学博士学位论文.
胡艳. 2002. 我国高等师范教育现状的统计分析与改革的政策选择. 现代教育论丛，（2）.
胡艳. 2005. 建国以来师范教育发展的问题及原因分析. 教育学报，（5）.
胡艳. 2010. 当代教师教育问题研究. 郑州：大象出版社.
胡艳，米靖. 2005. 制度的建构与超越：北京师范大学与20世纪的中国师范教育. 北京：北京师范大学出版社.
华东师范大学课题组，王建磐，马钦荣，等. 2001. 建立高水平、有活力的教师教育体系：关于“十五”期间我国高师院校改革与发展的战略思考. 高等师范教育研究，（2）.
华根球. 2011. 高校转型的动力因素分析. 高教探索，（4）.
黄崴. 2001. 从“师范教育”到“教师教育”的转型. 高等师范教育研究，（6）.
黄崴. 2001. 建立以市场为取向的多元开放型教师教育体制. 现代教育论丛，（2）.
黄崴. 2001. 我国教师教育：从定向教育到专业教育. 高教探索，（3）.
黄崴. 2001. 中国教师教育改革路向探索. 陕西师范大学学报，（3）.
黄崴. 2002. 教师教育体制国际比较研究. 广州：广东高等教育出版社.
黄伟娣. 2003. 高师综合化转型与内涵式建设切入点. 杭州师范学院学报（社会科学版），（2）.
黄依林. 2007. 我国教师教育模式的历史变迁及其走向探析. 四川师范大学硕士学位论文.
黄友珍. 2008. 我国师范院校培养模式的创新研究. 中国成人教育，（10）.
霍益萍. 1989. 中国近代高等师范教育发展史略（1902—1949）. 高等师范教育研究，（1）.
季芳芳. 2013. 新建高师院校转型期学科建设与发展探析. 教育理论与实践，（18）.

教育部师范教育司. 2003. 教师专业化的理论与实践. 修订版. 北京：人民教育出版社.
教育大辞典编纂委员会. 1980. 教育大辞典：第2卷. 上海：上海教育出版社.
金长泽，张贵新. 2002. 师范教育史. 海口：海南出版社.
金忠明. 2008. 教师教育的历史、理论与实践. 上海：上海教育出版社.
靳希斌. 2009. 教师教育模式研究. 北京：北京师范大学出版社.
靳玉乐. 2008. 新时期以来教师教育体制的变革. 复旦教育论坛，（3）.
康翠萍. 2001. 师范性与学术性统一：高等师范教育运作的基本原则. 江苏高教，（3）.
康翠萍. 2010. 一种分析范式：中国高等教育政策研究. 北京：人民出版社.
柯翠英. 2006. 转型师范院校坚持师范性问题的思考. 广西教育学院学报，（3）.
孔卫. 2007. 大学组织结构：变革、原因与模式. 山东师范大学硕士学位论文.
冷先福. 1998. 民国时期高等师范教育的历史回顾：纪念中国高等师范教育成立100周年. 江西社会科学，（6）.
李春影，石中英. 2018. 布迪厄社会学思想对中国教育研究的影响：回顾与评论. 比较教育研究，（8）.
李国庆，张正锋. 2002. 论高等师范院校的师范性. 教育研究，（8）.
李瑾瑜. 2016. 师范教育转型莫丢“师范”本根. 中国教育报，2016-01-06.
李进. 2008. 教师教育概论. 北京：北京大学出版社.
李军. 2013. 检视教师教育的中国模式. 社会科学报，2013-02-07.
李学农. 2005. 师范大学综合化与教师教育专业化. 江苏高教，（2）.
李学农，张清雅. 2014. 教师教育世纪转型与发展. 南京：南京师范大学.
李喆. 2008. 地方高等师范院校的转型与发展. 北京：中国社会科学出版社.
李忠康. 2002. 论二十一世纪初中国高等师范教育的转型. 山西师大学报（社会科学版），（1）.
理查德•H. 霍尔. 2003. 组织：结构、过程及结果. 8版. 张友星，刘五一，沈勇译. 上海：上海财经大学出版社.
理查德•L. 达夫特. 2011. 组织理论与设计. 10版. 王凤彬，王建磐，马钦荣，等译. 北京：清华大学出版社.
林樟杰. 2009. 教师教育体制机制问题研究. 北京：中国人民大学出版社.

琳达·达令-哈蒙. 2009. 有力的教师教育：来自杰出项目的经验. 鞠玉翠，等译. 上海：华东师范大学出版社.
刘承波. 2000. 关于综合性高等院校办师范的探讨. 高等教育研究，(4).
刘恩允. 2010. 教师教育学院：师范院校创新教师教育模式的策略构想. 临沂师范学院学报，(1).
刘复兴. 2002. 我国教师教育的转型与政策导向. 高等师范教育研究，(4).
刘慧阳. 2005. 试论高等师范院校在教师教育转型期的管理制度创新. 甘肃高师学报，(1).
刘建华. 2006. 教师知识的模型建构研究. 北京：中国社会科学出版社.
刘捷. 2001. 经验与启示：高师教育百年回眸. 课程·教材·教法，(10).
刘捷. 2002. 专业化：挑战21世纪的教师. 北京：教育科学出版社.
刘捷，谢维和. 2002. 栅栏内外：中国高等师范教育百年省思. 北京：北京师范大学出版社.
刘静. 2009. 20世纪美国教师教育思想的历史分析. 北京：北京师范大学出版社.
刘敏. 2012. 论教师教育一体化的内涵及推进措施. 教学与管理，(15).
刘生全. 2006. 论教育场域. 北京大学教育评论，(1).
刘湘溶. 2004. 综合与特色：关于师范院校改革与发展的思考. 教师教育研究，(3).
刘新玲. 2002. 我国高等师范教育体制演变的历史回顾与思考. 高等师范教育研究，(1).
刘永武，张兴. 2000. 组织结构理论的发展与大学组织结构的调整. 教育科学研究，(3).
龙献忠. 2004. 高等学校组织结构分析及改革研究. 湖南师范大学教育科学学报，(1).
卢晓东，陈孝戴. 2002. 高等学校“专业”内涵研究. 教育研究，(7).
陆炳炎. 2000. 一体化：师范教育改革的思考与实践. 上海：华东师范大学出版社.
罗伯特·伯恩鲍姆. 2003. 大学运行模式：大学组织与领导的控制系统. 别敦荣主译. 青岛：中国海洋大学出版社.
罗红艳. 2009. 教师教育变革背景下我国高师院校发展的战略选择. 现代教育管

理，（10）.
罗明东. 2010. 教师教育模式改革新方向："整合连贯型"教师教育模式改革的探索. 教师教育研究，（6）.
吕达，周满生. 2004. 当代外国教育改革著名文献（美国卷第1册）. 北京：人民教育出版社.
马尔科姆·沃特斯. 2000. 现代社会学理论. 2版. 杨善华，李康，王洪波，等译. 北京：华夏出版社.
马啸风. 2003. 中国师范教育史：1897—2000. 北京：首都师范大学出版社.
玛丽莲·科克伦-史密斯，沙伦·费曼-尼姆塞尔，约翰·麦金太尔. 2017. 教师教育研究手册：变革世界中的永恒问题. 3版. 范国睿，等译. 上海：华东师范大学出版社.
麦茂生. 2006. 师范院校转型后加强教师教育的策略研究. 改革与战略，（6）.
梅新林. 2008. 中国教师教育三十年：回顾与启示. 中国教育报，2008-12-10.
梅新林. 2009. 省属师范大学教师教育的改革与创新：以浙江师范大学为例. 国家教育行政学院学报，（3）.
母国光. 2000. 高等教育管理. 北京：北京师范大学出版社.
帕翠西亚·冈伯特. 2013. 高等教育社会学. 朱志勇，范晓慧译. 北京：北京大学出版社.
潘海燕. 2001. 中小学教师继续教育培训模式及其建构. 培训与研究（湖北教育学院学报），（3）.
潘懋元. 2001. 多学科观点的高等教育研究. 上海：上海教育出版社.
潘懋元. 2003. 中国高等教育百年. 广州：广东高等教育出版社.
潘懋元，邬大光. 2001. 世纪之交中国高等教育办学模式的变化与走向. 教育研究，（3）.
彭世模. 2004. 高校学院制实体化运作探讨. 教育理论与实践，（2）.
皮埃尔·布迪厄，华康德. 1998. 实践与反思：反思社会学导引. 李猛，李康译. 北京：中央编译出版社.
郄海霞. 2004. 西方"教师教育大学化"研究述评. 外国教育研究，（2）.
郄海霞. 2005. 美国教师教育大学化的路径、理念及启示. 现代教育论丛，（3）.
曲铁华，冯茁. 2005. 专业化：教师教育的理念与策略. 教师教育研究，（1）.

瞿葆奎. 1990. 教育学文集：美国教育改革. 北京：人民教育出版社.
瞿葆奎. 1994. 教育学文集：法国教育改革. 北京：人民教育出版社.
单中惠，徐征. 2012. 西方国家师范教育机构转型的路径、成效及动因. 国家教育行政学院学报，（5）.
单中惠，王晓宇，王凤玉，等. 2012. 西方师范教育机构转型：以美国、英国、日本为例. 济南：山东教育出版社.
沈卫华. 2005. 论教师教育的大学化与专业化. 煤炭高等教育，（3）.
谌启标. 2008. 教师教育大学化的国际比较研究. 福州：福建教育出版社.
史宁中，柳海民. 2004. 我国教师教育发展模式的选择. 中国高等教育，（19）.
宋嗣廉，韩力学. 1998. 中国师范教育通览. 长春：东北师范大学出版社.
宋伟. 2007. 论组织环境视阈下的大学组织变革. 河南大学硕士学位论文.
宋永忠. 2006. 师范大学转型不能丢掉教师教育特色. 中国高等教育，（5）.
苏真. 1991. 比较师范教育. 北京：北京师范大学出版社.
孙二军，李国庆. 2008. 高师院校“学术性”与“师范性”的释义及实现路径. 高教探索，（2）.
孙建萍. 2009. 地方师范院校“综合化”发展反思. 河西学院学报，（3）.
谭细龙. 2011. 师范院校人才培养模式创新研究. 国家教育行政学院学报，（1）.
檀传宝. 2001. 中国教师教育的新境界：中国高等师范教育体制改革研究. 北京：北京师范大学出版社.
唐玉光. 2008. 教师专业发展与教师教育. 合肥：安徽教育出版社.
托尼·布什. 1998. 当代西方教育管理模式. 强海燕主译. 南京：南京师范大学出版社.
万勇. 1984. 关于教师地位的建议.译. 外国教育资料，（4）.
汪霞，刘艳侠. 2007. 综合性大学如何办好教师教育. 中国教育报，2007-08-07.
王芳. 2006. 教师教育政策文本的实践解读. 首都师范大学硕士学位论文.
王飞. 2009. 地方高师院校的战略转型及教师教育的组织结构选择. 理论观察，（2）.
王建平. 2001. 论高等师范教育的体制创新. 陕西师范大学学报（哲学社会科学版），（S2）.
王立科. 2009. 我国教师教育政策发展三十年回顾与展望. 国家教育行政学院学

报，（1）.
王赛扬. 2005. 政府和大学在教师教育制度变迁中的作用. 中国高教研究，（6）.
王晓宇. 2008. 英国师范教育机构的转型：历史视野与个案研究. 华东师范大学博士学位论文.
王毅磊，杨平. 2011. 向教师教育大学化转型中的师范院校的困境与对策. 黑龙江教育学院学报，（2）.
王凤玉. 2008. 社会变革与教育机构转型：美国师范教育机构转型研究及启示. 北京：人民出版社.
王泽普. 1997. 我国师范教育体制探讨. 西华师范大学学报（哲学社会科学版），（1）.
王泽普. 2001. 中国师范教育改革与发展研究. 桂林：广西师范大学出版社.
王占军. 2012. 高等院校组织趋同机制研究. 北京：北京师范大学出版社.
王长纯. 2001. 教师专业发展：对教师的重新发现. 教育研究，（11）.
魏新. 1998. 市场经济条件下高等教育运行机制与政府的调控. 教育研究，（3）.
吴康宁. 2009. 地位与利益：教师教育改革的两大制约因素. 当代教师教育，（3）.
吴康宁. 2010. 中国教育改革为什么会这么难. 华东师范大学学报（教育科学版），（4）.
吴仁英，刘恩允. 2011. “教师教育学院”模式的角色定位与实施路径. 当代教育科学，（5）.
吴式颖. 2003. 外国教育史教程：缩印本. 北京：人民教育出版社.
吴跃文. 2003. 论高师院校转型. 浙江社会科学，（4）.
吴志功. 1998. 现代大学组织结构设计. 北京：北京师范大学出版社.
伍力，郑开玲. 2006. 关于教师教育一体化建设的若干思考. 教学与管理，（11）.
武海顺. 2007. 高师院校教师教育改革的模式选择. 光明日报，2007-01-02.
肖平. 2006. 地方高师院校转型的归因、问题及对策. 白城师范学院学报，（6）.
肖甦. 2010. 比较教师教育. 南京：江苏教育出版社.
肖瑶，陈时见. 2013. 教师教育一体化的内涵与实现路径. 教育研究，（8）.
谢安邦. 1993. 中国高师教育的历史沿革及特点分析. 上海高教研究，（2）.
谢安邦. 1997. 师范教育论. 北京：中国建材工业出版社.

谢安邦. 2001. 中国师范教育改革发展的理论问题研究. 高等教育研究，（4）.
谢安邦. 2004. 教师教育转型时期的体制创新和制度建设. 教育研究，（9）.
谢安邦. 2009. 高等师范教育研究：教师教育理论与实践. 青岛：中国海洋大学出版社.
谢冬平. 2016. 中国社会转型期教师教育形态与机制调整（1990—2010）. 北京：中国社会科学出版社.
谢维和. 2003. 论师范院校改革与发展的三重目标. 中国高等教育，（8）.
邢红军，陈清梅，胡扬洋. 2013. 教师教育学院：学科教学知识中国化的实践范本. 现代大学教育，（5）.
徐君. 2004. 新时期教师教育的发展趋势和高师院校改革对策. 浙江社会科学，（5）.
徐来群. 2006. 一块金币的两面：师范性和学术性之争何时休——兼论综合性大学教师培养的专业性. 教师教育研究，（1）.
徐维忠. 2010. 改革开放30年来教师教育政策法规浅析. 现代教育科学（高教研究），（2）.
许美德，查强. 2003. 师范教育与大学：比较分析及其对香港的启示. 北京大学教育评论，（2）.
宣勇. 2005. 大学组织结构研究. 北京：高等教育出版社.
薛天祥，张金福. 2002. 多元、开放的教师教育体系管理体制的构建. 高等师范教育研究，（2）.
荀渊. 2004. 教师教育一体化改革的回顾与反思. 教师教育研究，（4）.
亚伯拉罕·弗莱克斯纳. 2001. 现代大学论：英美德大学研究. 徐辉，陈晓菲译. 杭州：浙江教育出版社.
闫建璋. 2012. 从“小”教育学院走向“大”教育学院：论新形势下我国师范大学教育学院的发展走向. 高教探索，（1）.
闫建璋. 2014. 师范大学教育学院发展转型研究. 北京：中国文史出版社.
闫建璋，卫建国. 2010. 我国大学教育学院发展模式探析. 大学（研究），（5）.
严燕. 2005. 学院制的内涵与学院的设置. 教育研究，（10）.
严燕，方洪锦. 2003. 从游离到融入：综合性大学教师教育的政策机制. 教育发展研究，（12）.

阎光才. 2003. 美国教师教育机构转型的历史经验及其启示. 教师教育研究，(6).
阳锡叶. 2016. 师范教育往哪儿“转”？ 中国教育报，2016-01-06.
杨频萍，蒋廷玉. 2015. 师范教育，面向市场谋转身. 新华日报，2015-11-03.
杨如安. 2011. 学院制的内涵及其特性分析. 教育研究，(3).
杨天平. 2009. 中国教师教育制度改革的战略审思. 中国教育学刊，(6).
杨天平，王宪平. 2008. 教师教育：在历史的起点上跨越——“中国教师教育改革开放30年：回顾与展望”高端论坛精彩发言摘录. 中国教育报，2008-12-29.
杨跃. 2011. “教师教育”的诞生：教师培养权变迁的社会学研究. 桂林：广西师范大学出版社.
杨振秀. 2008. 教师教育改革中需要关注的几个问题. 中国教育报，2008-10-16.
幺加利，王静. 2007. 论高等师范院校的改革路向. 教师教育研究，(4).
叶澜. 1995. 转变观念、开拓发展空间：论当代中国高等师范教育的发展. 高等师范教育研究，(5).
叶澜. 1996. 迎接挑战：在改革中走向新世纪——再论当代中国高等师范教育的发展. 华东师范大学学报（教育科学版），(3).
叶澜. 1998. 跨世纪中国教师教育发展的若干问题. 中国大学教学，(2).
叶澜. 1999. 一个真实的假问题：“师范性”与“学术性”之争的辨析. 高等师范教育研究，(2).
于兴国. 2010. 转型期中国教师教育政策研究. 东北师范大学博士学位论文.
余玲玲，华维勇. 2010. 师范大学持续改革的困境与出路. 高教探索，(2).
袁奋光. 2005. 我国重点师范大学应逐步实现“三个转型”. 高等教育研究，(1).
袁贵仁. 2004. 推动教师教育创新　构建教师教育新体系. 中国高等教育，(12).
袁振国. 2002. 中国教育政策评论·2002. 北京：教育科学出版社.
袁振国. 2004. 从“师范教育”向“教师教育”的转变. 中国高等教育，(5).
约翰·范德格拉夫. 2001. 学术权力：七国高等教育管理体制比较. 2版. 王承绪，等译. 杭州：浙江教育出版社.
约翰·富隆，伦·巴顿. 2010. 重塑教师专业化. 牛志奎，马忠虎，等译. 北京：北京师范大学出版社.
张宝歌. 2008. 教师教育转型期地方高师院校师范性问题研究. 东北师范大学博

士学位论文.
张斌贤. 2002. 高师教育学院的变革与发展. 中国教育报，2002-08-24.
张斌贤. 2006. 论高等师范院校教育院系的重建. 高等教育研究，（6）.
张斌贤. 2007. 论高等师范院校的转型. 教育研究，（5）.
张斌贤，董静. 2012. “教师教育学院现象”与师范院校的发展战略. 高等教育研究，（10）.
张斌贤，李子江. 2008. 改革开放30年来我国教师教育体制改革的进展. 教师教育研究，（6）.
张弛，黄欣. 2004. 高等师范院校学科建设现状及对策. 教育科学，（1）.
张贵新，饶从满. 2002. 关于教师教育一体化的认识与思考. 课程·教材·教法，（4）.
张红峰. 2010. 大学组织变革中的博弈分析：利益、选择与均衡. 华东师范大学博士学位论文.
张慧洁. 2005. 中外大学组织变革. 上海：复旦大学出版社.
张乐天. 2001. 我国师范院校布局结构调整相关问题的探讨. 高等师范教育研究，（6）.
张乐天. 2008. 高等教育政策的回顾与反思（1977—1999）. 南京：南京师范大学出版社.
张倩. 2008. 我国综合性大学教师教育的政策研究. 黑龙江大学硕士学位论文.
张人杰. 1994. 法国教育改革. 北京：人民教育出版社.
张维仪. 2000. 教师教育：改革与发展热点问题透视. 南京：南京大学出版社.
张燕镜. 1995. 师范教育学. 福州：福建教育出版社.
张勇军. 2012. 地方高等师范院校综合化发展研究：以A省为例. 华东师范大学博士学位论文.
张正锋. 2004. 关于“学术性”与“师范性”之争的原因分析. 黑龙江高教研究，（5）.
赵冬梅. 2000. 我国高师教育体制应作战略性调整. 高等教育研究，（5）.
赵金保，张俊宗. 2000. 论传统师范大学的现代转型. 西北师大学报（社会科学版），（3）.
赵长林. 2012. 国际比较视野中的教师教育. 广州：广东教育出版社.

郑师渠. 2004. 论高师院校的转型. 教师教育研究，（1）.
郑师渠，方增泉. 2006. 师范大学的特色发展战略和高师改革趋向. 教师教育研究，（6）.
钟秉林. 2003. 观念和制度创新：大学的核心竞争力与师范院校的转型. 北京师范大学学报（社会科学版），（5）.
钟秉林. 2003. 教师教育的发展与师范院校的转型. 教育研究，（6）.
钟秉林. 2009. 教师教育转型研究. 北京：北京师范大学出版社.
钟晨音. 2003. 师范院校转型中课程建设的困境与突破. 教师教育研究，（6）.
钟启泉. 1998. 知识、学科、术语：试论我国高等师范教育体制改革的若干战略性策略性课题. 教育研究，（7）.
钟启泉. 2001. 教师“专业化”：理念、制度、课题. 教育研究，（12）.
钟祖荣. 2011. 教师教育一体化的反思与教育学院发展的选择. 教师教育研究，（6）.
周川. 1992. “专业”散论. 高等教育研究，（1）.
周川. 2002. 综合大学办师范教育：历史、现状与模式. 课程 • 教材 • 教法，（2）.
周洪宇. 2000. 世纪之交高等师范院校面临的挑战与抉择. 华中师范大学学报（人文社会科学版），（1）.
周洪宇. 2010. 教师教育论. 北京：北京师范大学出版社.
周洪宇，但昭彬. 2000. 从世界师范教育的发展历程与趋势看未来中国师范教育的发展走向. 集美大学教育学报（教育科学版），（1）.
周洪宇，金保华，邬春芹. 2001. 关于进一步推进师范院校改革与发展的调查研究. 教育研究，（A01）.
周钧，朱旭东. 2005. 美国教师教育大学化形成的路径研究. 高等教育研究，（12）.
周钧，朱旭东. 2006. 美国大学教育学院：教师教育大学化的亚制度问题研究. 外国教育研究，（6）.
周绍禄. 2011. 教师教育，重要的是厘清理念. 天津教育报，2011-11-23.
周险峰，钟毅平. 2005. 论地方师范院校转型中的办学策略选择. 湖南师范大学教育科学学报，（1）.
周勇. 2012. 动荡的学科与专业：哈佛教育研究生院的百年难题. 北京大学教育

评论，(2)．
周作宇. 2015. 使命分享 师范教育发展的新动力. 中国教育报，2015-12-16.
朱国云. 2014. 组织理论：历史与流派. 2 版. 南京：南京大学出版社.
朱佳颖. 2003. 21 世纪高等师范院校的综合化发展. 黑龙江高教研究，(5)．
朱旭东. 2000. 试论师范教育体制改革的国际趋势. 比较教育研究，(4)．
朱旭东. 2001. 国外教师教育的专业化和认可制度. 比较教育研究，(3)．
朱旭东. 2004. 如何理解教师教育大学化. 比较教育研究，(1)．
朱旭东. 2006. 我国教师教育制度重建的再思考. 教师教育研究，(3)．
朱旭东. 2007. 我国现代教师教育制度构建. 北京师范大学学报（社会科学版），(4)．
朱旭东. 2008. 教师作为一个专业何以可能？——评顾明远教授的教师教育思想. 教师教育研究，(5)．
朱旭东. 2008. 六所师范生免费教育的大学成立教师（教育）学院的价值研究：教师教育大学化的组织结构选择. 大学（研究与评价），(9)．
朱旭东. 2008. 论师范大学的“战略转型”及教师教育的组织结构选择. 当代教师教育，(1)．
朱旭东. 2012. 论当前我国教师教育存在的十大问题及其解决途径. 当代教师教育，(3)．
朱旭东. 2016. 再论我国师范院校教师教育存在的问题：认识误区、屏障和矛盾. 教育发展研究，(2)．
朱旭东，胡艳. 2009. 中国教育改革 30 年：教师教育卷. 北京：北京师范大学出版社.
朱旭东，李琼. 2014. 论我国教师教育的二次转型. 教育学报，(5)．
朱旭东，袁丽. 2016. 论二次转型背景下大学教师教育资源整合. 教师教育研究，(3)．
朱旭东，周钧. 2007. 论我国教师教育学科制度建设：教师教育大学化的必然选择. 教师教育研究，(1)．
祝怀新. 2007. 封闭与开放：教师教育政策研究. 杭州：浙江教育出版社.
邹华. 2005. 中国高等师范教育的历史经验. 教师教育研究，(5)．
E. 马克・汉森. 1993. 教育管理与组织行为. 冯大鸣译. 上海：上海教育出

版社.

W. 理查德·斯科特. 2010. 制度与组织：思想观念与物质利益. 姚伟，王黎芳译. 北京：中国人民大学出版社.

W. 理查德·斯科特，杰拉尔德·F. 戴维斯. 2011. 组织理论：理性、自然与开放系统的视角. 高俊山译. 北京：中国人民大学出版社.

Anderson L W. 1995. International Encyclopedia of Teaching and Teacher Education. UK：Elsevier Science Ltd.

Ball D，Forzani F. 2009. The Work of Teaching and the challenge for Teacher Education. Journal of Teacher Education，（5）.

Bridges D，Kerry T. 1994. Developing Teachers Professionally. London and New York：Routhedge.

Brint S，Karabel J. 1989. The Diverted Dream：Community Colleges and the Promise of Educational Opportunity in America，1900-1985. New York Oxford：Oxford University Press.

Carr D. 2000. Professionalism and Ethics in Teaching. London and New York：Routledge.

Clifford G J，Guthrie J W. 1988. Ed schools：A Brief for Professional Education. Chicago：The University of Chicago Press.

Clift R T，Warner A R. 1986. Universities contributions to the education of teachers. Journal of Teacher Education，（3-4）.

Cochran-Smith M，Feiman-Nemser S，McIntyre D J，et al. 2008. Handbook of Research on Teacher Education：Enduring Issues in Changing Contexts. 3rd edition. New York：Routledge.

Darling-Hammond L. 2006. Constructing 21st-century teacher education. Journal of Teacher Education，57（3）.

Education Commission of the States. 2014. Eight Questions on Teacher Preparation：What Does the Research Say? A Summary of the Findings. https://www.ecs.org/tpreport.

Goodlad J. 1990. Teachers for Our Nation’s School. San Francisco：Jossey Bass Inc.

Gordon G，Darkenwarld J. 1971. Organizational conflict in colleges and universities. Administrative Science Quarterly，（4）.

Gumport P J. 2000. Academic restructuring：Organizational change and institutional imperative. Higher Education，39（1）.

Haberman M. 1971. Twenty-three reasons universities can't educate teachers. The Journal of Teacher Education，22（2）.

Hayhoe R. 2002. Comparison between teacher education and university education and the reflection to Hong Kong. Teaching Education，13（1）.

Kelly V. 1993. Education as a field study of a university：Challenge，critique，dialogue，debate. Journal of Teacher Education，19（2）.

Labaree D F. 2004. The Trouble with Ed Schools. New Haven：Yale University Press.

Levine A. 2006. Educating school teachers. Research Report Prepared by The Education Schools Project.

Levine A. 2006. Will universities maintain control of teacher education? Change，28（4）.

Majhanovich S. 1996. Reforming Teacher Education：Problems and Prospects. Ontario：The Althouse Press.

Murray F B. 1996. The teacher Educator's Handbook：Building a Knowledge Base for the Preparation of Teachers. San Francisco：Jossey-Bass Inc.

Nolan J F. 1985. Potential obstacles to international reform in teacher education：Findings from a case study. Journal of Teacher Education，（7-8）.

Popkewitz T S. 1994. Professionalization in teaching and teacher education：Some notes on its history，ideology and potential. Teaching and Teacher Education，10（1）.

Ramsden P. 1998. Managing the effective university. Higher Education Research and Development，17（3）.

Roth R A. 1999. The Role of the University in Preparation of Teachers. London：The Falmer Press.

The Holmes Group. 1986. Tomorrow's Teachers：A Report of the Holmes Group. Milford：The Holmes Group，Inc.

Wideen M F，Grimmett P P. 1996. Changing Times in Teacher Education：Restructuring or Peconceptualization? London and Washington D.C.：The Falmer Press.

Zeichner K. 2006. Different conceptions of teacher expertise and teacher education in the USA. Education Research and Perspectives，（2）.

Zeichner K. 2006. Reflection of a university-based teacher educator on the future of college and university - teacher education. Journal of Teacher Education，（3）.

附　　录

附录一　我国师范大学教师教育组织机构调查问卷

尊敬的领导和老师：

您好！非常感谢您支持和参与问卷调查。本次调查的目的是了解我国师范大学教师教育组织机构的现状，为师范大学的教师教育改革提供现实依据和政策参考。本问卷采取匿名方式作答，答案无对错之分，调查所得资料仅供学术研究之用，请您根据实际情况在所选的选项前打“√”或在________上填写相应信息。您的回答对于我们的研究有重要价值，衷心感谢您的支持和帮助！

“我国师范大学教师教育组织变革研究”课题组

一、基本信息

1. 您所在学校的类型：

A．部属师范大学　　　　B．省属师范大学

2. 您的性别：

A．男　　　　B．女

3. 您的年龄：

A．30 岁及以下　　　　B．31—40 岁

C．41—50 岁　　　　D．51—60 岁

E．60 岁以上

4. 您的学历：

A．博士研究生　　B．硕士研究生

C．本科　　D．专科

E．其他____________

5. 您的职称：

A．教授　　B．副教授

C．讲师　　D．助教

E．其他____________

6. 您的职务：

A．党政领导　　B．行政人员

C．无

7. 您在校工作时间：

A．0—5 年　　B．6—10 年

C．11—15 年　　D．16—20 年

E．20 年以上

二、有关学校教师教育的问题

1. 贵校所设置的与教师教育有关的组织机构有（可多选）

A．教育（科学）学院　　B．教师教育学院

C．教师教育研究中心　　D．教育（科学）研究院

E．教务处教师教育科　　F．初等教育学院

G．教育学部　　H．其他____________

2. 贵校师范生（教师教育专业学生）的学籍归属于

A．各学科学院　　B．教育（科学）学院

C．教师教育学院　　D．各学科学院和教育（科学）学院

E．各学科学院和教师教育学院　　F．不清楚

3. 贵校学科课程与教学论的师资分布在

A．各学科学院　　B．教育（科学）学院

C．教师教育学院　　D．不清楚

4. 贵校负责师范生（教师教育专业学生）教育实习的机构是

A．各学科学院　　B．教育（科学）学院

C．教师教育学院　　D．教师教育研究中心

E．教务处　　F．其他＿＿＿＿＿＿

5. 您认为贵校培养的师范生的优势在于（可多选）

A．学科知识水平　　B．教育思想观念

C．课堂教学能力　　D．班级管理能力

E．教育科研能力　　F．教师职业精神

G．其他＿＿＿＿＿＿

6. 您认为贵校培养的师范生的不足在于（可多选）

A．学科知识水平　　B．教育思想观念

C．课堂教学能力　　D．班级管理能力

E．教育科研能力　　F．教师职业精神

G．其他＿＿＿＿＿＿

7. 您认为贵校教师教育中存在的问题有（可多选）

A．领导重视不够　　B．人、财、物投入不足

C．资源分散，效益不高　　D．机构职责不清，运行机制不畅

E．课程结构不合理　　F．人才培养模式不合理

G．其他＿＿＿＿＿＿

8. 您认为贵校教师教育改革的重点应该是

A．更新观念　　B．机构改革

C．加大投入　　D．课程改革

E．人才培养模式改革　　F．教学方法改革

G．其他＿＿＿＿＿＿

9. 您认为贵校对教师教育的重视程度

A．非常重视　　B．比较重视

C．不太重视　　D．完全不重视

10. 您认为贵校在教师教育资源投入（人、财、物）的力度

A．非常大　　B．比较大

C．比较小　　D．非常小

11. 您认为贵校教师教育资源的利用效率

A. 非常高　　B. 比较高

C. 比较低　　D. 非常低

12. 您认为贵校教师对中小学教育教学改革的了解程度

A. 非常了解　　B. 比较了解

C. 不太了解　　D. 完全不了解

13. 您认为贵校教师教育改革与基础教育课程改革的紧密程度

A. 非常密切　　B. 比较密切

C. 不太密切　　D. 不密切

14. 您认为贵校师范生（教师教育专业学生）的培养质量

A. 非常好　　B. 比较好

C. 比较差　　D. 非常差

15. 您对自身的教师教育者身份认同程度

A. 非常认同　　B. 比较认同

C. 不太认同　　D. 完全不认同

16. 您对设置教师教育专业的认同程度

A. 非常认同　　B. 比较认同

C. 不太认同　　D. 完全不认同

17. 您对建设教师教育学科的认同程度

A. 非常认同　　B. 比较认同

C. 不太认同　　D. 完全不认同

18. 您对贵校教师教育课程的认同程度

A. 非常认同　　B. 比较认同

C. 不太认同　　D. 完全不认同

19. 您对贵校教师教育人才培养模式的认同程度

A. 非常认同　　B. 比较认同

C. 不太认同　　D. 完全不认同

20. 您对贵校教师教育特色的认同程度

A. 非常认同　　B. 比较认同

C. 不太认同　　D. 完全不认同

21. 您对师范大学综合化发展的认同程度

A．非常认同　　B．比较认同

C．不太认同　　D．完全不认同

22. 您对师范大学教师教育改革或教师教育机构改革有什么建议？

____

____

____

____

____

____

三、有关教育（科学）学院的问题（若无此类机构，可不填）

1. 您认为贵校教育（科学）学院的实际功能是（可多选）

A．师范专业学生的培养　　B．教育类学术人才培养

C．教育科学研究与学科建设　　D．师范生的教师教育课程教学

E．为中小学提供指导服务　　F．其他____________

2. 贵校教育（科学）学院在师范生培养中所承担的任务是（可多选）

A．讲授教师教育类课程　　B．组织师范生参加教育实习

C．师范生的培养和管理　　D．开展教师技能训练与考核

E．其他____________

3. 您认为贵校教育（科学）学院在师范生培养中发挥的作用

A．非常大　　B．比较大

C．比较小　　D．非常小

4. 您认为贵校教育（科学）学院对学校发展的影响

A．非常大　　B．比较大

C．比较小　　D．非常小

5. 您认为贵校教育学院在师范大学内的地位与其他院系相比

A．很高　　B．较高

C．较低　　D．很低

四、有关教师教育学院的问题（若无此类机构，可不填）

1. 贵校教师教育学院的组建方式是

A．机构更名（直接将高校内部机构更名为教师教育学院）

B．机构重组（合并或重组校内已有不同机构形成）

C．机构新建（出于某种实际目的而另外新建）

D．机构别名（已有机构的基础上挂上“教师教育学院”的牌子）

2. 贵校教师教育学院的机构属性是

A．教学学院　　B．管理机构

C．研究机构　　D．培训机构

3. 贵校教师教育学院的角色定位是（可多选）

A．专门的教师培养机构　　B．教师教育研究机构

C．教师专业发展基地　　D．教师资格认证机构

E．高师院校与中小学互动的桥梁和纽带

F．其他____________

4. 贵校教师教育学院所发挥的实际功能是（可多选）

A．师范生的培养和管理　　B．教育研究

C．教师资格认证

D．教师继续教育和培训服务

E．师范生职业技能培训和考核

F．为中小学教学和课题提供指导服务

G．其他____________

5. 您认为教师教育学院在运行中存在的问题有（可多选）

A．教育资源难整合　　B．运行机制不畅通

C．利益冲突难解决　　D．政策支持不到位

E．制度障碍难克服　　F．学科依托较薄弱

G．其他____________

6. 您认为贵校教师教育学院在教师教育中发挥的作用

A．非常大　　B．比较大

C．比较小　　D．非常小

7. 您认为贵校教师教育学院对学校发展的影响

A．非常大　　B．比较大

C．比较小　　D．非常小

8. 您认为贵校教师教育学院在师范大学内的地位与其他院系相比

A．很高　　B．比较高

C．比较低　　D．很低

9. 您对成立教师教育学院的认同程度是

A．非常认同　　B．比较认同

C．不太认同　　D．完全不认同

再次感谢您的参与，祝您工作顺利！

附录二　我国师范大学教师教育组织变革访谈提纲

1. 请问教师教育在学校的地位如何？学校是如何发展教师教育的？

2. 请问学校的教师教育存在哪些问题？学校哪些因素制约和影响教师教育？

3. 请问校内有哪些组织机构参与教师教育？（组织名称、隶属关系、主要职责、人员组成、运行机制）他们各自在教师教育中发挥了什么作用？

4. 您认为师范大学在进行教师教育改革时，教学机构、管理机构和专业设置应怎样进行调整？您对师范大学整合校内外教师教育资源，成立教育学部或教师教育学院，有何看法？

5. 您认为我国师范大学是否可以借鉴国外“大学+教育学院”的教师培养模式（即在各专业学生完成学科专业学习后再到教育学院进行教育专业学习）？